Buchers Bestiarium

Buchers Bestiarium

Berichte aus der Tierwelt der Alten

Gesammelt und vorgelegt von
Rolf Beiderbeck und Bernd Knoop

Graphische Gestaltung: Hans F. Kammermann
Lektorat: Axel Schenck, Richard Altoè

© 1978 by Verlag C.J. Bucher, Luzern und Frankfurt/M
Alle Rechte vorbehalten
Printed in Germany by Mohndruck, Gütersloh
ISBN 3 7658 0261 1

Inhaltsverzeichnis

DER HORIZONT	9
VORWORT	12
EINFÜHRUNG	14
VON DER URZEUGUNG	18

VON MONSTREN, DIE TIER- UND PFLANZENREICH VERBINDEN — 21

Von der Mandragora — 21
Von dem Baranetz — 23

VON MERKWÜRDIGEN TIEREN DER MEERE UND STRÄNDE — 24

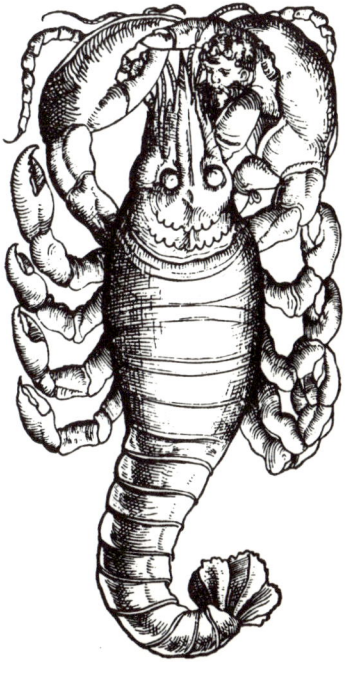

Von dem Kraken — 25
Von dem Papierboot (Argonauta argo) — 26
Von den langen Krospelfischen — 28
   Von dem Fang und der Nutzbarkeit der Meerhunde — 30
Von dem Sägefisch — 32
Von dem Indianischen Jagdfisch (Piscis indicus) — 32
Von allerlei Walfischen — 33
   „Mit was Kunst oder Listigkeit die großen Walfisch gefangen werdend" — 48
   „Was Nutzbarkeit man von solchen Tier habe" — 51
   Die Degradierung des Wals — 53
Von den Delphinen — 56
   Von der Jagd — 59

Von den Seeschlangen	61
Von einer anderen grausamen Wasserschlange	75
Von dem Seepferd	78
Von dem Meerkalb	79
Von dem Meerlöw	81
Von einer anderen Gestalt eines scheußlichen Meertieres	84
Von dem Rusor	84
Von dem Meermenschen (Homo marinus)	85
Von dem Meerfräulein	85
Von dem Meermann	89
Von dem Meerteufel (Satyrus marinus)	89
Von dem Meermönch (Monachus marinus)	90
Von dem Meerbischof (Episcopus marinus)	90

VON DEN TIEREN DER SÜMPFE UND DES TROCKENEN LANDES 94

Von dem Salamander	94
Von einer unerhörten Kröte mit Schlangenschwanz	95
Von dem Basilisken	96
Von dem Drachen oder Lindwurm	104
Von der Feindschaft zwischen Drachen und Menschen	109
Von der Freundschaft zwischen Drachen und Menschen	110
Vom Nutzen des Drachen	111
Von dem Seedrachen	114
Woher kennt der Mensch den Drachen?	114
Von dem Einhorn	114
Wie sie gefangen werden	117
Der Nutzen, der vom Einhorn kommt	118
Was ist das Einhorn wirklich?	122
Von einem Tier Su	124
Von merkwürdigen Hasen	128
Von dem Vielfraß	130
Von dem Wasserochs (Hippopotamus)	131
Von dem Faultier	133
Von einem besonders merkwürdigen Tier	135
Von einem Tier mit kleinen Schritten	135

VON SELTSAMEN VÖGELN	137
Von dem Paradiesvogel	137
Von dem Vogel Phoenix	140
Von dem Vogel Rock	141
Von dem Vogel Greif	145
Von der Bernikelgans	148
Von einer vierfüßigen Gans	150
VON UNGEWÖHNLICHEN KREUZUNGEN	152
Von dem Myrmekoleo	152
Von dem Kamelpard	154
Von dem Vogel Strauß	158
Wie dieser Vogel gejagt und gefangen werde	161
Was von diesem Vogel zu Nutzen	162
VON AFFEN UND MENSCHEN	164
Von der Sphinx	164
Von einigen anderen Affen	170
Von Tiermenschen und Monstrositäten	172
Von dem Yeti	172
Von dem Bigfoot oder Sasquatch	172
Von menschlicher Mißgestalt	173
Von dem Baldanders	183

VON DEN ZEUGEN   184

Claudius Aelianus / Albertus Magnus / Ulisse Aldrovandi / Aristoteles / Petrus Belonius / Jorge Luis Borges / Hieronymus Cardanus / Edgar Dacqué / Hans Egede / Flavius Josephus / Konrad Gesner / Herodot / Olaus Magnus / Herman Melville / Montevilla / Oppian / Paracelsus / Plinius (Gajus Publius Secundus) / Plutarch / Erik Pontoppidan / Rodolphe Toepffer / Johan Baptista van Helmont

LITERATURVERZEICHNIS   196

BILDNACHWEIS   199

Weltkarte nach Herodot, 450 v. Chr.

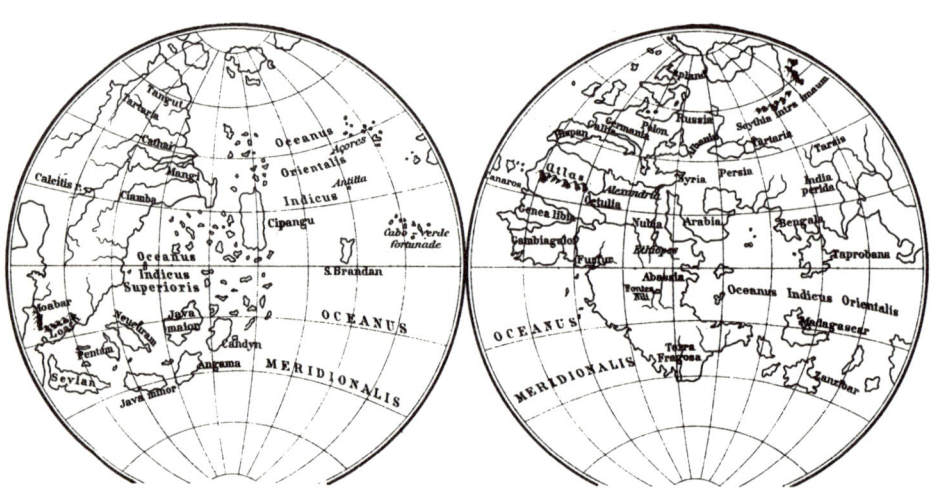

Weltkarte nach Martin Behaim, 1492.

Der Horizont

Ich halte dafür, derlei merkwürdige Dinge, wie man sie vielleicht nie gesehen noch gehört hat, sollten vielen zu Ohren kommen und nicht in Vergessenheit begraben werden; es könnte ja sein, daß manche etwas darin finden, was nach ihrem Herzen ist, und andere, die nicht so einläßlich lesen, sich wenigstens daran ergötzen. Sagt doch Plinius, es gebe kein Buch, wie schlecht es auch sei, das nicht etwas Gutes enthalte.
LAZARILLO DE TORMES 1554

Die Natur gewährt bei tieferer wissenschaftlicher Betrachtung demjenigen, der die Ursachen zu erkennen vermag und der eine echte Forschernatur ist, unbeschreibliche Freuden. Es liegt in jedem Geschöpf der Natur etwas Wunderbares. Nicht mit grämlichem Gesicht soll man an die Untersuchung eines jeden lebenden Wesens herangehen, sondern in der Gewißheit, daß in ihnen allen etwas Natürliches und Schönes steckt.
ARISTOTELES 384-322 v. Chr.

In der Vielfalt der Geschöpfe offenbart die Natur Wunderbares.

Vorwort

Der Satz aus Lazarillo de Tormes und die Zeilen von Aristoteles umgrenzen die Absichten dieses „Bestiariums". Da Naturwissenschaftler heutzutage eher mit grämlichem Gesicht als mit Staunen und Schmunzeln forschen – denn die Beschäftigung mit der Natur ist nicht länger eines wohlhabenden Gentlemans Hobby, sondern ernster Broterwerb geworden –, war es nötig, überwiegend auf Literatur des Altertums und vor allem des 15. und 16. Jahrhunderts zurückzugreifen. Viele Informationen verdanken wir den Werken Konrad Gesners und Ulisse Aldrovandis, die hervorragende Gelehrte waren. Gesner zum Beispiel hat das umfassendste und sorgfältigste Zoologiebuch seit Aristoteles verfaßt. Da wir den beiden längst vermoderten Gelehrten auch heute noch kein Unrecht antun und auch nicht den Eindruck erwecken möchten, ihre Werke seien Raritätenkabinette, erklären wir: Es lag allein in der Natur unseres Vorhabens, daß wir aus Gesners und Aldrovandis Büchern nur das Unvollkommene und sonderbar Anmutende herausgepickt haben und die überwiegend korrekten Sachinformationen kaum berücksichtigen konnten.

Wichtige Hinweise auf über Jahrhunderte und verschiedene Erdteile verstreute Texte verdanken wir J. L. Borges' „Handbuch der phantastischen Zoologie" und H. Wendts „Auf Noahs Spuren". Die Texte des Plinius und Aelianus und ihrer Vorgänger und Zeitgenossen haben wir in modernen Übersetzungen vorgefunden und verwendet. Der Schriften Konrad Gesners haben wir uns vor allem in der Übersetzung Forers aus dem Jahre 1563 erfreut und sie behutsam modernisiert. Wichtigstes Kriterium dabei war die Lesbarkeit für den Menschen von heute, zugleich sollte aber die Forersche Textkonstruktion im wesentlichen erhalten bleiben, damit alte, bewährte Erkenntnisse auch in der ihnen gebührenden Form genossen werden können. Es scheint sinnvoll, wenn der Leser sich die Gesnerschen Texte laut vorliest, um so Verständnis und Atmosphäre miteinander zu verbinden. Die faksimilierten Texte (z.B. S. 84) lassen das Ausmaß unserer Eingriffe erkennen. Philologen haben wir nach nüchterner Überlegung nicht zu Rate gezogen. Zwar gibt es im Dunstkreis alter deutscher Universitäten Philologengruppen, die in wechselnder Besetzung an der Erstellung spezieller Wörterbücher arbeiten und den Forerschen Wortschatz genau kennen; seit Beginn dieses Jahrhunderts sind solche Wörterbücher jedoch erst vom Buchstaben A bis zum Buchstaben M vorangekommen, und es wird wohl der Jüngste Tag abgewartet werden müssen, ehe Z erreicht ist. Wir dagegen wollten die Tantiemen aus diesem Buch noch erleben und vor dem letzten Datum verschleudern und haben daher den Text von A bis Z einheitlich selbst bearbeitet. Gelegentliche Fehler, die sich sicher über das ganze Alphabet verteilen, mag der Fachphilologe unserer Ungeduld zuschreiben und mit einem verzeihenden Auge überlesen.

Einführung

„Physiologus" nennt man heute noch verlegen jenen unbekannten naturkundigen Gelehrten, der im 2. Jahrhundert in Alexandria oder Syrien ein umfangreiches Buch geschrieben hat, in dem die Eigenschaften vieler lebender und sagenhafter Tiere aufgezählt und in ihrer sinnbildlichen Bedeutung für die Religion erklärt wurden. Der Löwe, die Hyäne, der Phoenix, das Einhorn und viele andere Tiere sind darin beschrieben.

Das Werk des „Physiologus" wurde bald aus dem Griechischen ins Lateinische übersetzt, sein neuer Titel war „Bestiarium". Im 11. und 12. Jahrhundert wurde dann dieses Bestiarium ins Französische, ins Deutsche und andere Sprachen übertragen, es wurde zum europäischen Bestseller, dessen Vorstellungen von der Tiersymbolik, allgemein akzeptiert, Eingang in Dichtung und bildende Kunst fanden.

Dieses Bestiarium verbindet sorgfältige Tierbeobachtungen, lang überlieferte Irrtümer und christliche Symbolik zu einer faszinierenden Schau des Tieres, aus der die meisten Dichter und Schreiber des Mittelalters geschöpft und entliehen haben.

Buchers Bestiarium von 1978 nimmt mit Vergnügen das traditionsreiche Werk zur Vorlage und versucht, mit anderer Gewichtung, die gleichen Elemente zu vereinen und zur Gegenwart hin zu ergänzen. Es verwendet dazu:
– die frühen naturwissenschaftlichen Beobachtungen einiger Autoren des Altertums, des Aristoteles vor allem und des Plinius, und danach die Werke von Ulisse Aldrovandi in Bologna, Konrad Gesner in Zürich und Petrus Belonius in Paris, die vom 15. bis 17. Jahrhundert das Maß für die Zoologie setzten;
– die sagenhaften Vorstellungen der Antike, ihre Irrtümer, Berichtetes und Erdichtetes, wie es vor anderen Aelianus und Plinius und aus anderen Ländern auch die arabischen und persischen Schriftsteller vermitteln und dann die Naturkundler des Mittelalters unbefangen aufgreifen;
– die christliche Tradition, die in der Bibel von der Schöpfungsgeschichte bis hin zur Offenbarung immer wieder von Tieren berichtet, die Gott für seine Geschichte mit den Menschen verwendet und die durch Luther und seine Zeitgenossen neue Wirksamkeit erhielt.

Damit sind die Quellen dieses Bestiariums aufgezeigt, und die Zeit ist festgelegt, aus der der größte Teil der benutzten Texte stammt: das 15. und 16. Jahrhundert, da die Menschen beginnen, an den überlieferten Institutionen zu rütteln und sich selbst und die Welt zu entdecken. Die Städte wachsen aus ihren Mauern heraus, Seefahrer verlassen die bis dahin ängstlich gewahrte Küstennähe. „Wir sind itzt in der Morgenröte des künftigen Lebens, denn wir fahen an zu erlangen wiederum das Erkenntniß der Kreaturen", schreibt Luther. Wie in der Morgenröte die Nacht nicht völlig vergangen ist und doch auch die Sonne noch nicht über dem Horizont steht, wie da ein Durchgangsstadium passiert werden muß, so geht es im 15. und 16. Jahrhundert in der europäischen Geschichte. Die Autoritäten des Altertums und die neuen Entdeckungen stehen einander gegenüber, feindlich und sich zugleich durchdringend und befruchtend:

– hier die Lehrsätze der alten Kirche, dort die Freiheit des Christenmenschen aus der neu übersetzten Bibel;
– hier der wandernde Krämer, dort der erste multinationale Konzern der Fugger;
– hier die Astrologie, die das Schicksal der Menschen durch die Stellung der Gestirne festgelegt weiß, dort Kepler und Galilei, die die Zwangsläufigkeit der Bewegungen der Himmelskörper berechnen;
– hier die Alchimie auf der Suche nach dem Stein der Weisen, der ewigen Jugend und der Elementumwandlung, dort Paracelsus, der das Leben als komplexen chemischen Vorgang erkennt;
– hier nennt Augustinus die Naturwissenschaft „hohle, neugierige Forschungssucht", dort beginnt Leonardo seine Flugexperimente;
– hier berichten Teilnehmer der Magellanschen Weltreise von Zwergen, die auf ihren Ohren schlafen, dort schreibt Cabeza de Vaca einen mustergültigen Bericht über die Bräuche der Indianer von Texas und Mexiko;
– hier der Glaube an die Entstehung der Tiere aus Fäulnis, dort das Anatomiebuch des Andreas Vesal.

Alles, das *hier* und das *dort*, wird von der neuen Druckerkunst unkritisch verbreitet, und damit entsteht eine empfängliche Stimmung, in der schlechthin alles möglich, alles glaubwürdig erscheint. Diese Zeit verklärt sich in ihren großen Gestalten. Die literarische Figur des Doktor Faust ist der bekannteste Vertreter jener Männer, die Friedrich Engels „Grenzüberschreiter schlechthin" nennt und Ernst Bloch „Meistergestalten der Unruhe". Faust: Magier, Astrolog und Teufelsbeschwörer, einer, der die Töpfe tanzen macht, Vögel auf Zuruf fängt und die Hasen in seine Hand laufen läßt; der auf einem Faß reitet und auf einem Pferd fliegt; der den Satan in ein Glas sperrt und sich noch auf dem Schragen aufs Gesicht dreht – und doch auch ein studierter Mann, der die

Wissenschaften bis an ihre Grenzen kennt, experimentiert, heilt und Schlüsse zieht.

Die Zeit des Doktor Faust ist die Blütezeit einer Zoologie, in der die phantastischen Tiere des Altertums den Tieren der neuentdeckten Realität und den Lebewesen des reich gesponnenen Seemannsgarns begegnen. Phoenix, Drache und Einhorn treffen hier den Hai und den Wal, das Meerkalb, den Paradiesvogel und den Kraken.

Besonders interessant sind für den Leser sicherlich die Ungeheuer aus Phantasie und Garn, denn einmal entziehen sie sich auf atemberaubende Weise der Kontrolle durch die kalte Hand der Wissenschaftler, und zum anderen ist ihre Gesamtzahl klein und für jedermann überschaubar; „die Tierwelt der Träume ist armseliger als die Tierwelt Gottes", stellt Borges fest.

In Buchers Bestiarium sollen dem Leser die Lebewesen der phantastischen Tierwelt vorgestellt werden in ihrer Entstehung, in ihrer Verwandtschaft zu den Pflanzen und dann in ihrer fortschreitenden Eroberung der Lebensräume; die Tiere des Wassers und des Sumpfes, des Landes und der Luft und jene Wesen, die einen Schritt ins Menschenreich tun.

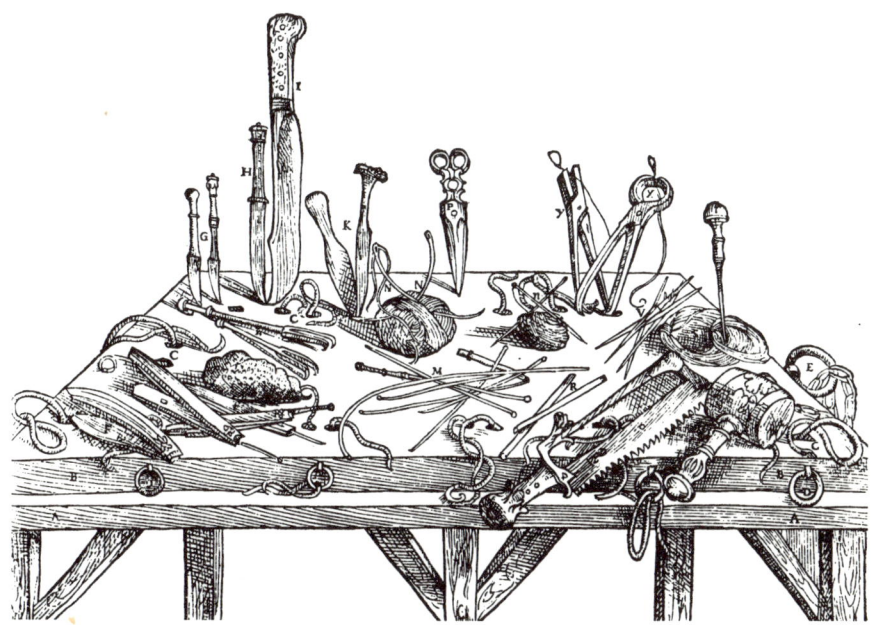

Das Operationsbesteck des Anatomen Andreas Vesalius (1514–1564).

Links: Das höchste Ziel der Alchimie: die Erschaffung des Homunculus. Hier muß alles zusammenkommen, alles zusammenwirken, was mächtig ist oder geheimnisvoll: die alten Elemente Feuer, Wasser, Luft und Erde – die Sonne und der Mond – der Anruf Gottes ebenso wie der heidnische Glaube an die strahlende Kraft frischer Tücher, die mit Regen getränkt sind (nach Bettex).

Von der Urzeugung

In diesem ersten Kapitel soll die Frage gestellt sein, unter welchen Umständen Lebewesen auf dieser Erde entstehen.

Die moderne Biologie nimmt an, daß sich vor etwa 4 Milliarden Jahren unter den besonderen Wetterlagen unseres toten Planeten aus anorganischen Vorstufen spontan eine „Suppe" lebenswichtiger organischer Moleküle bildete. Dann, vielleicht nur ein einziges Mal in einer fast unendlich langen Zeit, als ein äußerst unwahrscheinliches Ereignis unter vielen wahrscheinlicheren, ordneten sich in diesem Gemisch die Moleküle so an, daß eine erste, ureinfache Zelle gezeugt wurde. Damit war das Leben ein für alle Mal geboren. Es mehrt und wandelt sich seitdem nach Zufall und Notwendigkeit und füllt die Bestimmungsbücher von Botanik und Zoologie.

Ganz andere Vorstellungen vom Ursprung der Lebewesen kennt die Biologie der Alten. Urzeugung ist nicht ein einmaliger „Treffer" in einer eisig fernen Zeit, sondern ein Vorgang, der sich hier und heute immer aufs neue abspielt und auch künstlich in Gang gesetzt werden kann. Sie bringt nicht nur einen unscheinbaren Einzeller hervor, sondern handgreifliche Ergebnisse, Tiere, groß und faßbar, und auch Menschen. Die Selbstentstehung der Lebewesen gilt als legitimer Ursprung gleichberechtigt neben der sexuellen Fortpflanzung und folgt ihr oft im Generationswechsel. Konrad Gesner schreibt:

Diese Tiere / werden auf zwei Wegen gezeuget und erboren / nämlich aus den Eiern, die sie selbst hervorbringen / und danach durch Putrifizierung oder Erfäulung. Und ist zwar diese Geburt der Natur nit zuwider / geschicht auch nit übernatürlicher Weis. Denn etliche Geschöpf mehren sich allein durch Vermischung des Männlins und Weiblins / als der Mensch / die Vipernatter und andere. Etliche bekommen allein ihren Ursprung aus Erfäulung / als da sind die Flöh / Läus und dergleichen unvollkommne Geschöpf / etlich werden auf beid Weg herfürgebracht / als die Mäus / Ameissen / Fliegen und Spinnen / die erstlich aus Putrifizierung entspringen / sich aber hernach durch Eier mehren / und ihren Samen und Herkommen continuieren und erhalten.

Aristoteles (384–322 v. Chr.), ein gründlicher Kenner der belebten Natur, befand, daß Würmer und Schnecken Geschöpfe der Fäulnis seien.

Auch weniger harmlose Formen gewinnen auf solch einfachem Wege Gestalt und Leben, wenn die Gestirne günstig stehen: Plinius beschreibt den Ursprung der Skorpione aus fauligem Krebs, wenn die Sonne ins Zeichen des Krebses eintritt, und Quidius besingt das freudige Ereignis in Reimen:

> Wenn man dem Krebs die Scher bricht ab
> und legts ins Erdrich in ein Grab,
> so wirt in kurzer Zeit davon
> gezeugt ein grüner Skorpion.

Noch Kepler, der so bewandert in den Sternen war, meinte: Flöhe und Läuse bilden sich aus Schweiß und Blut der Hunde von allein, Heuschrecken und Raupen aus Tau.

Sogar Wirbeltiere treten spontan zusammen. Van Helmont weiß zu berichten: Körner, eingeweicht in der Flüssigkeit, die aus einem schmutzigen Hemd gewrungen wird, lassen nach längerer Bebrütung Mäuse hervorgehen, und Frösche und Schlangen wachsen allein aus dem Sumpf hervor.

Der Mensch bildet – was die Zeugung angeht – keine Ausnahme. Aus Sperma oder Blut fügt sich unter besonderen Temperatur- und Feuchtbedingungen, die Fäulnisprozessen günstig sind, der Homunculus zusammen. Paracelsus (1493–1541) gibt das Rezept erstmals preis, wenn er schreibt:

> Nun ist aber auch die generatio der homunculi keineswegs zu vergessen ... Wie aber solches zugehen und geschehen mag, ist nun sein Prozeß also nämlich, daß das Sperma eines Mannes in verschlossenen Cucurbiten (Kürbissen) per se mit der höchsten Putrefaction (Verwesung), ventre equino (im Pferdebauch), auf 40 Tage putrefiziert werde, oder so lang, bis es lebendig werde und sich bewege und rege, was leicht zu bemerken ist. Nach dieser Zeit wird es einem Menschen einigermaßen gleichsehen, doch durchsichtig, ohn ein Corpus. Wenn es nun nach diesem täglich gar weislich mit dem arcano sanguinis humani (Geheimnis des menschlichen Blutes) gespeist und bis auf 40 Wochen ernährt wird und in steter gleicher Wärme ventris equini erhalten, wird ein recht lebendig Kind daraus mit allen Gliedmaßen wie ein ander Kind, das von einem Weibe geboren wird.

Vollkommen ist der Paracelsus-Prozeß nicht, denn das erhaltene Kind ist kleiner als ein solches, das nach dem Boccaccio-Verfahren hervorgebracht ist und wird darum ein Homunculus, Menschlein, genannt. Auch fordert der Paracelsus-Prozeß mehr Zeit als eine natürliche Schwangerschaft und bereitet letztlich nur dem Forscher Vergnügen.

Der Homunculus ist für eine besondere Karriere bestimmt:

> Aus solchen homunculis werden, wenn sie zu männlichem Alter kommen, Riesen, Zwergel und andere dergleichen Wunder-Leut.

Die ständige Entstehung von Lebewesen aus unbelebten faulenden und anorganischen Grundstoffen ist durch geologische Urkunden belegt worden. Nach der Auffassung von Edward Lluyd (1669) sind die Fischsaurier, die man gelegentlich versteinert findet, niemals lebende Tiere aus Fleisch und Blut gewesen, sondern unvollendete Übungsstücke der Natur, die auf dem Weg zum Leben angehalten wurden:

„Wenn das Meerwasser verdunstet, geraten auch Fischeier in die Wolken und regnen aufs feste Land ab. Und dort, in den trockenen Erdschichten,

Einer der vielen Beringerschen Lügensteine, eine versteinerte Momentaufnahme des Bienenflugs.

entwickeln sich aus ihnen Fische aus Stein, Zusammenlagerungen aus Rogen, Samenluft und von Meeresdunst imprägniertem Gesteinsmaterial."

Viele Abbildungen der verschiedensten im Stein verharrenden Lebewesen hat Professor Beringer in seinem Werk „Lithographiae Wirceburgensis" (1726) versammelt, Tiere, Pflanzen, Spinnweben und gar den Namen Gottes auf hebräisch. All das fand der glückliche Professor bei jahrelanger Sammelarbeit in der Umgebung Würzburgs, und erst als er schließlich seinen eigenen Namenszug aus dem Steinbruch holte, wußte er sicher, daß er einem Kollegenstreich aufgesessen war. Zuvor aber galten die „Beringerschen Lügensteine" als klare Beweise für die sich immer wiederholende Urzeugung.

Zwei Auffassungen stehen sich damit gegenüber: Die moderne Biologie tritt für eine ferne, einmalige Urzeugung ein, die Biologie der Alten hält sie bis in ihre Gegenwart hinein für möglich. Der Gegensatz löst sich auf, wenn man akzeptiert, daß die modernen Biologen nur von solchen Tieren reden, die sie im Bestimmungsbuch erfaßt haben; die vielseitigeren Alten kannten jedoch darüber hinaus viele andere Tiere, und deren Wesen war von besonderer Art.

Von Monstren, die Tier- und Pflanzenreich verbinden

Unter den einzelligen Lebewesen kennt die heutige Biologie Formen, die nicht mehr eindeutig dem Reich der Pflanzen und noch nicht dem der Tiere zuzurechnen sind. So tummeln sich die Geißeltierchen munter in beiden Welten. Hier, am Gabelpunkt im Stammbaum aller Lebewesen, blühten in alten Zeiten hochentwickelte Gewächse, die manche Eigenschaften mit ihren tierischen Zeitgenossen teilten.

VON DER MANDRAGORA

In seinem Geschichtswerk „De bello judaico" schreibt Flavius Josephus ungefähr um das Jahr 100 nach Christus:
„Das Tal, das die Stadt (Machärus) auf der Nordseite einschließt, heißt Baara und bringt eine wunderbare Wurzel gleichen Namens hervor. Sie ist feuerrot von Farbe und wirft des Abends Strahlen aus."

Die Pflanze Baara ist früh für eine Mandragora angesehen worden, ein Nachtschattengewächs südländischer Herkunft, dessen Wurzeln menschenähnliche Gestalt besitzen. Im Europa des Mittelalters war ihr bevorzugter Standort unter dem Galgen, wo sie aus dem Fett, dem Urin oder dem Sperma der Gehängten keimte. In unserer Zeit des verwahrenden Strafvollzugs ist die Mandragora selten geworden – eine unbedachte ökologische Nebenwirkung eiliger Reformen.

Wer die Pflanze sammeln will, begibt sich in große Gefahr, denn die Mandragora schreit, wenn man sie ausreißt. Ihr Schrei kann den Verstand rauben und den Sammler zum Wahnsinn treiben. Selbst der Tod droht bei der Ernte, wie Flavius Josephus weiß, und ist nur mit einer schlauen Taktik abzuwenden:
„Sie auszureißen ist sehr schwer, denn sie entzieht sich dem Nahenden und hält nur dann Stand, wenn man Urin oder Blutfluß vom Weibe daraufgießt. Auch dann ist bei jeder Berührung der Tod gewiß, es trage denn einer die ganze Wurzel in der Hand davon."

Doch bekommt man sie auf andere Weise gefahrlos, und zwar so: Man umgräbt sie rings so, daß nur noch ein kleiner Teil der Wurzel unsichtbar ist.

Illustration zum Sammeln der Mandragora (Hegi).

Dann bindet man einen Hund daran, und wenn dieser dem Anbinder schnell folgen will, so reißt er die Wurzel aus, stirbt aber auf der Stelle als ein stellvertretendes Opfer dessen, der die Pflanze nehmen will. Hat man sie einmal, so ist keine Gefahr mehr.

Auch Paracelsus schreibt 1300 Jahre später eine ganz besondere Anleitung für das Einbringen der Mandragora. Man soll um sie dreimal mit einem Schwert einen Kreis ziehen und sie ausgraben, das Gesicht der untergehenden Sonne zugekehrt. Ein anderer aber soll gleichzeitig um die Pflanze herumtanzen und viel von Liebeswerk sprechen. Auf diese Weise würden Gefahren vermieden.

Warum nimmt man solche Mühen und Gefahren in Kauf, um die Mandragora zu besitzen? Dahinter steckt mehr als der Sammeleifer des Botanikers. Denn die Mandragora liefert den Rohstoff für erstklassige magische Drogen! Ihr Aroma nimmt dem Menschen die Fähigkeit zu sprechen (Plinius), interessant für wortgeplagte Ehemänner; schon ihre Nähe treibt die bösen Geister aus kranken Menschen aus (Josephus); Glück und Reichtum verheißt sie den Chinesen; als Aphrodisiakum entflammt sie träge Paare; gleichzeitig verleiht sie Fruchtbarkeit, wie schon in der Genesis bekannt ist.

Erhöhte magische Qualität weist eine Kulturform der Mandragora auf, die Alraune, auch Galgenmännchen genannt. Sie ist die durch geschickte Schnitzer zu besonderer Menschenähnlichkeit entwickelte Wurzel der Mandragora.

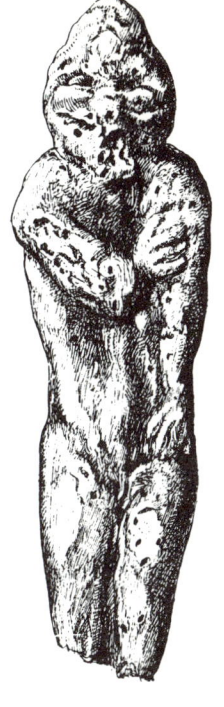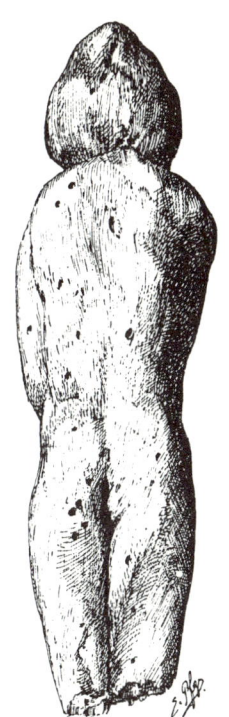

Radix Mandragorae: ein Alraunmännchen, geschnitzt aus einem Wurzelstück und entdeckt im arabischen Basar von Alexandria (Hegi).

VON DEM BARANETZ

Dies ist das pflanzliche Lamm aus Skythien, genannt Cibotium Baranetz, ein Wesen aus der Abteilung der Farngewächse. Es besitzt die Form eines Lammes, ist mit goldbraunen Haaren bedeckt und steht auf vier oder fünf Wurzeln angepflockt. Seine Wirkung auf die umgebende Pflanzengesellschaft ist tödlich, alles ringsum wird abgeweidet oder welkt, einsam frisch bleibt das Baranetz. Und so erinnert die typische Baranetz-Vegetation aus der Ferne an eine Herde zerstreut stehender Lämmer in der Wüste, still und starr. Nicht allein die Gestalt des Baranetz, auch seine Lebensvorgänge berühren sich mit dem Tierreich. Schneidet man es ab, entströmt ihm ein blutartiger roter Saft. Damit wird es dem Vegetarier unbekömmlich; Wölfe aber verschlingen es gern, berichtet Sir Thomas Browne (1605-1682).

Eine andere Pflanze scheint Konvergenzen zum Baranetz aufzuweisen. Montevilla (um 1300-etwa 1370) fand sie im Königreich Georgien:

Wer aber dießhalb des Meeres gen Indien wollte und gen Cathei (China), der fährt durch ein Land, das heißt Caßschilbe: das ist ein schönes Land: da sind Bäume, die tragen Früchte wie Bucheckern und dreieckig, nur daß sie sehr groß sind. Wenn die Früchte zeitig werden, daß man sie auseinanderbricht, so findet man darin ein Tier, das hat Fleisch und Blut und ist einem Lämmlein gleich an der Wolle.

Von merkwürdigen Tieren der Meere und Strände

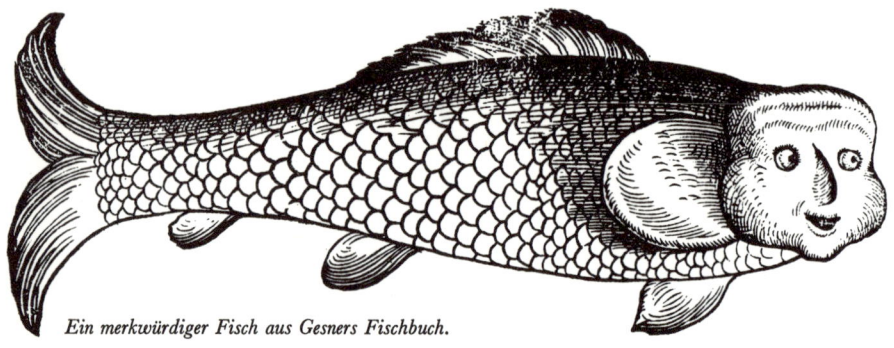

Ein merkwürdiger Fisch aus Gesners Fischbuch.

Die große, weite Welt der Ozeane bringt heute noch Überraschungen hervor, man denke nur an den Fang der ausgestorben geglaubten Quastenflosser. Diese fossilen Tiere der Kreidezeit wurden von erstaunten Zoologen auf den Fischmärkten des Südens erkannt. Und so wundert es nicht, daß auch in früheren Jahrhunderten die Salzwasserwelt eine unheimliche und staunenerregende Fauna barg. Die Kenntnis darüber stammte vor allem aus den Erzählungen der Seefahrer, die mit unbefangenem Auge erblickten, beobachteten und beschrieben, so gut sie es vermochten. Würze verlieh ihren Berichten das Heimweh und der schwere Beruf. Jahrelang lebten diese Männer von Schiffszwieback und Brackwasser. Ihre Arbeit war hart, und Schlaf gab es wenig. Mit angespannten Nerven ritten sie tagelange Stürme ab, oder sie lagen wochenlang in einer zermürbenden Flaute und schnitten sich vor Langeweile wunderliche Bärte. So, fern der Heimat, bauten sie sich in ihren Träumen, Reden und Garnen eine Ersatzwelt auf, bevölkert von Tieren, wie sie zu Lande und zu Hause vorkommen. Anlaß dazu war die Begegnung mit einem unbekannten Meeresgeschöpf, dessen Ähnlichkeiten mit bekannten Tieren sie nur zu gern sahen und übertrieben. Kannten sie vom Land das Pferd, trieb sich in den „Steppen" des Ozeans das Seepferd um; die giftige Schlange war durch die riesige Seeschlange vertreten; die schönen Frauen durch die Meermaiden, und wo die Maiden waren, da sammelten sich wie zu Lande Meermönch, Meerbischof und Meerteufel. Mitglieder dieser Fauna und Gesellschaft aus merkwürdigen Geschöpfen und Ersatzwesen sollen anschließend vorgestellt werden.

Einige sind uns nur aus wenigen Sätzen in Reiseberichten bekannt geworden. So erzählt Sindbad der Seefahrer von einem Fisch, der ein Gesicht wie eine Eule hat, und Gesner bildet ein solches Wesen (S. 24) in seinem Fischbuch ab. Antonio Pigafetta, Tagebuchführer bei der ersten Weltumsegelung durch Magellan (1519), berichtet von einem schwarzen rabenartigen Vogel, der in das geöffnete Maul des Walfisches hineinfliegt; rasch raubt er dem verblüfften Tier das Herz, fliegt damit davon und verzehrt es in Ruhe. Bei Timor sah Pigafetta eine Insel, deren Bewohner nicht größer als eine Spanne (etwa 25 cm) waren. Ihre Ohren aber waren so groß wie ihr Körper. Das eine Ohr diente ihnen beim Schlafen als Unterbett, mit dem anderen Ohr deckten sie sich zu.

VON DEM KRAKEN

Herman Melville erwähnt in seinem Walbuch „Moby Dick" den geheimnisvollen Gegner des Pottwals: „Vor uns auf dem Wasser trieb eine riesige weiße Masse von schneefarbenem Glanz, gut 200 Meter im Durchmesser. Von ihrer Mitte gingen zahllose Arme aus, die wie ein Schlangenknäuel sich wanden und aufrollten, um blindlings alles zu packen, was das Unglück hatte, ihnen in den Griff zu kommen. Etwas wie ein Gesicht, eine Vorder- und Rückseite war nicht zu erkennen, auch nichts, was auf Sinne und Empfindung hindeutete. Das Weiße ließ sich in den Wellen schaukeln, unirdisch, ungestalt, eine formlose Erscheinung des Lebens. Mit leise saugendem Geräusch entschwand es allmählich. Der große Kraken. Es gibt nicht viele, die ihn sahen und dann heimkehren durften."

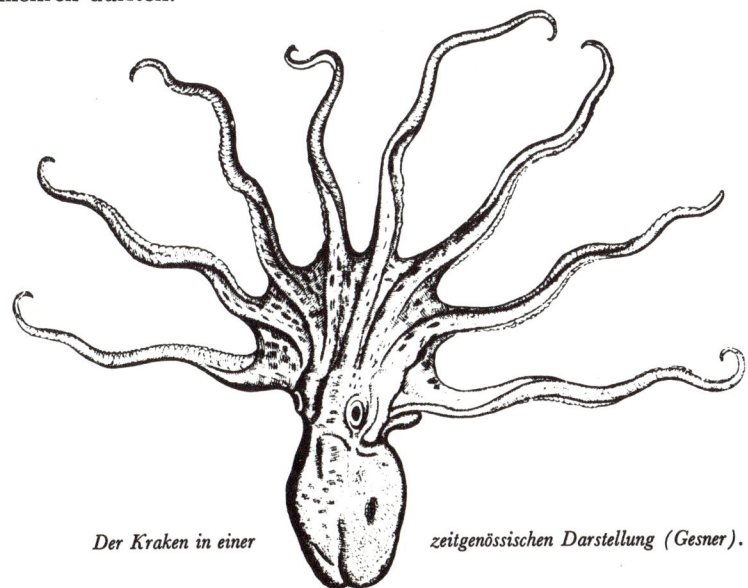

Der Kraken in einer zeitgenössischen Darstellung (Gesner).

Den Kraken, den Melville eindrucksvoll beschreibt, haben schon die Seefahrer des 15. und 16. Jahrhunderts gekannt und gefürchtet. Damals wurden noch größere Exemplare gesehen als heute. Der Rumpf ist bis zu 1,5 Meilen lang, seine Arme sind riesig wie die Masten eines Schiffes und können das größte Schiff umschlingen und auf den Grund ziehen. Auch vermag ein zerstreuter Kraken Boote zu verschlucken wie unsereins Kirschkerne: Der dänisch-grönländische Bischof Pontoppidan (1698-1764) sagt, es sei ratsam, sich mit den Booten davonzumachen, wenn das Monstrum auftauche, es könne andernfalls vorkommen, daß es das Boot samt Mannschaft verschlucke, ohne es überhaupt zu merken.

Der Rücken des Kraken ist ausgedehnt und hat einen Überzug, der dem Kies am Seestrand ähnlich ist, und er ragt wie ein großes Eiland oder eine Kette kleiner Inseln aus dem Meer. Dadurch, sagt Olaus Magnus (1490-1558), lassen sich häufig Seeleute dazu verleiten, ihn für eine Insel zu halten, an ihm zu landen, ihre Schiffe zu vertäuen und ein geselliges Ereignis zu beginnen. Gereizt geht dann die tückische Bestie mit großem Getöse in die Tiefe und reißt Anker, Schiff und Mannschaft mit. Hier lassen sich Verhaltensweisen wie bei des Kraken Gegner, dem Wal, nachweisen (vgl. S. 37).

Nicht nur der erfahrene Seemann begeht den Irrtum, am Kraken vor Anker zu gehen, auch Geistliche und Heilige erkennen nicht immer das Wesen der Dinge. Erik Falkendorf, Bischof von Nidaros (heute Trondheim), hat laut einem Brief an Papst Leo X. aus Versehen eine Messe auf dem Rücken eines Kraken gelesen; Gleiches brachte der heilige Brandanus (Anfang 6. Jh.) fertig. Die Kirche erwies sich damit einmal mehr als wahrhaft allgegenwärtig.

Den Kopf des Kraken, den Melville nicht wahrnimmt, hat Pontoppidan als schreckenerregendes Zentrum vorgestellt: „auf seinem Kopf erheben sich mächtige Hörner, lang wie die Masten eines mittelgroßen Seglers".

Weitergehendes ist vom Kraken kaum bekannt. Damals glaubt man, Medusen seien seine Brut. Auch scheidet er eine Flüssigkeit aus, die das Wasser trübt und eigenartig riecht. Diese letzte Eigenschaft verführt die Zoologen der Gegenwart dazu, im Kraken einen Kopffüßer zu sehen, vielleicht den Riesenkalmar Architeuthis princeps, dessen Gesamtlänge nach neuer Kenntnis bis zu 25 Meter betragen soll.

VON DEM PAPIERBOOT (ARGONAUTA ARGO)

Mit dem Kraken eng verwandt, trieb und treibt im Mittelmeer und im Südatlantik das Papierboot, ein spannenlanges Kopffüßer-Weibchen. Zwei seiner acht Arme sind verbreitert und scheiden eine zarte, schiffchenförmige Kalkschale aus, die als Eibehälter dient. Wie in einem Boot aus hauchdünnem,

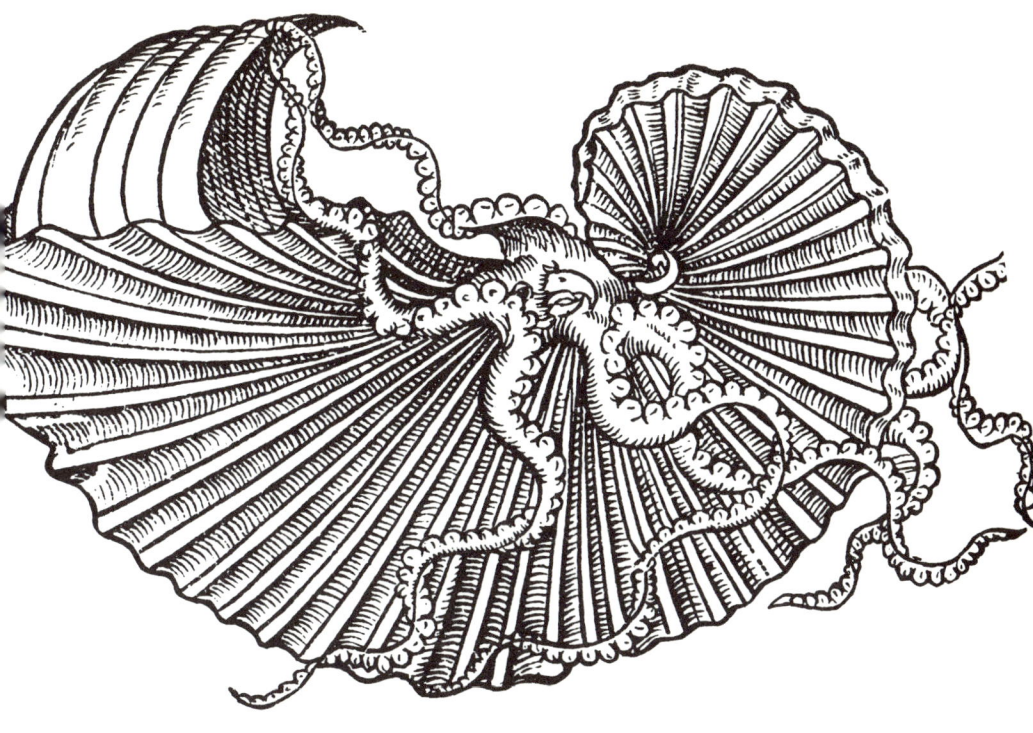

Die Argonautin vor dem Wind, gleichsam mit ausgebrachtem Spinnaker (Belonius 1553).

farbigem Porzellan sitzt das Argonauten-Weibchen in diesem Behälter und wartet auf den Argonauten. Frühere Zeiten sahen in der Kalkschale ein Segel, das Plinius so beschreibt:

„Schwimmt das Tier an der Oberfläche, so beugt es die beiden vorderen Beine zurück und spannt eine dünne Haut aus. Auf diese Weise segelt es, indem es gleichzeitig mit den übrigen Beinen rudert. So schwimmt der Argonaut wie ein kleines Schiff dahin. Wandelt ihn Furcht an, so füllt sich die Schale mit Wasser, und das Tier sinkt unter."

Wenn das Weibchen ein Männchen trifft, kommt es zu einer tragischkomischen Begegnung. Das Männchen benötigt viel Selbstbewußtsein, wenn es das Papierboot besteigen will, denn es ist ein Zwerg verglichen mit der Erwählten, mißt nur einen einzigen Zentimeter und sieht dazu aus wie ein Kraken. Heroisch opfert es bei der Paarung dem Weibchen einen seiner Arme, der sich ablöst, das Sperma an seinen gebührenden Ort bringt und stellvertretend noch eine Weile lebend bei der Gattin ausharrt, fast wie ein Würmlein, während das Männchen ledig von dannen schwimmt. Verarmt, aber frei. – Dies ist gewißlich wahr.

VON DEN LANGEN KROSPELFISCHEN

Auch genannt Meerhunde oder Haie. Uralt sind die Krospelfische, seit Ende des Paläozoikums bekannt und immer gefährlich. Sehr verschiedene Arten gibt es in den Ozeanen:

Der Meerhunden werdend mancherlei Gestalten und Geschlecht zugerechnet / Sie habend auch Unterschied in der Größe: denn etliche gleichend sich den Walfischen / andere sind viel kleiner / sie habend auch viel andere Unterschied / als gehört wird werden an etlichen Orten.

Gesner zählt auf: den Stein-Meerhund (Canicula saxatilis) und den anderen kleinen Meerhund (C. secunda), den großen Meerhund oder Wallhund (Canis charcharia) und den anderen großen Meerhund (Lamia roudeletii). Summiert man die interessanten und gefährlichen Eigenschaften dieser Arten, so läßt sich feststellen:

Dieses ist gantz ein scheußlicher großer Fisch / gantz schnell und sehr räuberig / welches aus seinem Rachen mag ersehen werden. In seinem Maul hat er starker spitziger / umgekrümmter Zähnen. Er hat ein gar weiten Schlauch (Schlund) / scharfe / harte / dreispitzige Zähne / zu beiden Seiten als ein Sägen / welcher sechs Ordnungen sind / die äußerste Ordnung krümmt sich außert dem Maul / die ander ist aufrecht / die 3.4.5.6. gegen den Schlauch hinein gekrümmt / hat einen überaus weiten Schlauch / Maul / Hals und Magen.

Er hat auch so eine harte / rauhe Haut / daß man Bein und Holz damit feilen und raspen mag.

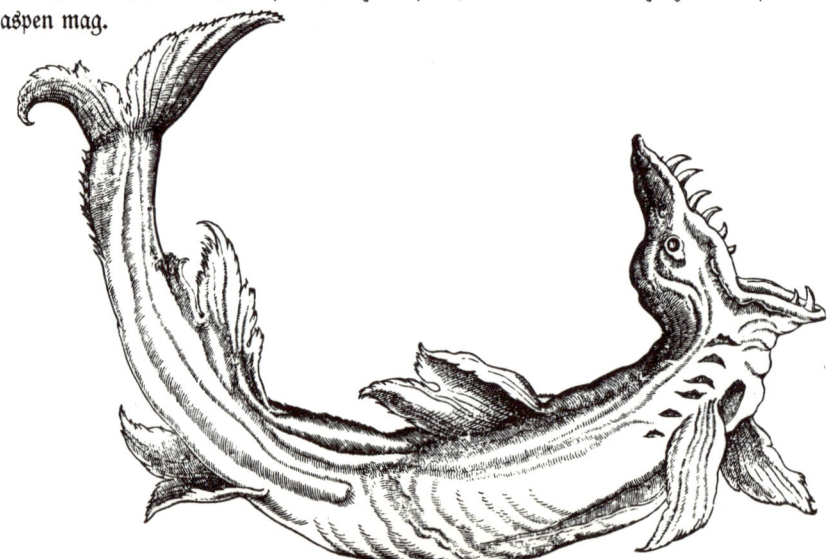

Dieses Tier, ausgestattet mit Säge und Raspel, zerteilenden und abtragenden Werkzeugen, lebt in der tiefen Mitte des Meeres:

Ist zu seiner Größe gantz schneller Bewegnis / räuberig / und arglistig / wider die Natur ...
... lebt von anderen kleinen Fischen / haltend doch besonders nach den Amys und Thunen / von welchen sie gantz feist werdend. Sind vor all ander Fisch geil / hochprächtig stolz und unverschamt / also daß sie zu Zeiten den Fischern die Fisch aus den Reusen und Garnen fressend.

Dabei hat das räuberische Tier besondere Vorliebe für Menschen:

Ein besonderen Haß trägt er gegen dem Menschen / soll auch dem außgezogenen und bloßen / so unter dem Wasser schwimmend / mächtig nachstellen.

Seine Größe, sein Innendurchmesser und sein Fassungsvermögen sind solchen Vorlieben angepaßt:

So weit soll sein Schlauch (Schlund) sein / daß auch ein gantz feister Mann hinein schlüpfen mag. Item so ihnen ihr Maul aufgesperret / und der übrig Leib verdeckt / so schlüpfend die Hund ohn Mühen hinein / fressend die übrigen Fisch so in seinem Magen gelegen.
Ein wunder Ding ist das / daß dieser Fischen zu Zeiten etlich gefangen sind worden / welche viertausend Pfund sollend gewägt haben / in denen man gantze Menschen gefunden soll haben. Und zu Marsilien (Marseille) zu ein Zeit ein gantzer gewappneter Mann.

Manche Leute meinen darum, der Fisch, der den Propheten Jona einst verschlang, sei nicht ein Wal, sondern ein großer Meerhund gewesen.
Bemerkenswert für den Naturforscher ist die Art der Vermehrung. Die Krospelfische werden auf merkwürdige Weise geboren:

Denn erstlich so empfangen sie Eier / danach bekommend dieselbigen ein Gestalt und Leben / dannethin so werdend sie an ein andern Ort bewegt / im Leib nämlich in der Mutter / daselbst werdend sie erhalten als ein Kind in Mutterleib durch den Nabel / zu End werdend sie frei und lebendig geboren.

Treusorgend und leichtsinnig zugleich hütet die Meerhündin ihre Welpen vor Gefahr, indem sie die Geburtswege als Schlupfloch offenläßt:

Diese Tier so bald sie die lebendige Jungen als oben gehört geboren habend / so schwimmend sie bei der Seit der Alten / wo sie ihnen / fürchtend oder Gefahr merkend / so schlüpfend sie wieder hinein in der Alten Leib wo sie heraus kommen warend / und so die Gefahr vorbei / so schlüpfend sie wieder heraus / als von neuem geboren.

Dem unbefangenen Betrachter mag es scheinen, als kämen die jungen Krospelfische wiederholt zur Welt.

Von dem Fang und der Nutzbarkeit der Meerhunde

Der Fang der gefährlichen Krospelfische ist so einfach wie der des friedfertigen Karpfens, der Räuber geht an die Angel, und seine Genossen springen gar freiwillig hinterdrein:

Mit dem Angel pflegt man sie zu fangen / und so einer gehakt heraus gezogen wird / fahrend die anderen so begierlich nach / daß sie zu Zeiten in die Schiff hinein springend / auch nit ablassend / er sei denn gantz heraus gezogen. Werdend also mit Garnen umzogen und zuhauf heraus gezogen.

Gelegentlich wird auch als Köder ein kühner Schwimmer benutzt. Plinius berichtet davon: Ein nackter Fischer wird mit einem Seil um die Lenden zu Wasser gelassen. Mit einer scharfen Spitze schwimmt er dem Meerhund entgegen. Gibt er mit der linken Hand ein Zeichen des Kampfes, wird er an seinem Seil

Haie haben einen Menschen gepackt, da naht hilfreich der riesige Rochen (Gesner).

nach und nach zum Schiff gezogen. Der Meerhund – seine Vorliebe für Menschen wurde erwähnt – folgt ihm dann zum Schiff, wo man ihm den Garaus macht. Manchmal, wenn der Fisch die Spielregeln nicht einhält oder ein mißgünstiger Bordgenosse das Seil nur zögernd einholt, wird der Fischer in die Tiefe gezogen. Nach dem Zeugnis des Olaus Magnus kann ihn dann nur noch ein hilfreicher Rochen retten (Bild unten).

Die Krospelfische sind allerdings keine sehr begehrte Beute:

Diese Tier habend alle ein hart zäh Fleisch / eines unlieblichen Geschmacks: machend ein arg wüst Befinden. Aus denen werdend etlich / so sie zuvor ausgenommen und von ihren Därm entledigt / an der Sonnen gedörrt / und also zu der Speiß erhalten.

Ihre Haut wird bei der Herstellung von Schwertheften verarbeitet, wovon einem der Autoren noch ein Exemplar vorliegt. Die medizinische Wissenschaft kann vom Meerhund einiges verwenden:

Sein Feiste und Hirn in Öl gesotten / oder mit Essig und Wasser die Zähn damit gespült nimmt hin jeden Schmerzen. Sein Gall vertreibt die Geschwür und Fäule oder Flecken der Augen. Diese Gall soll ein scharf Gift sein / innerhalb neun Tagen töten / obgleich auch nur ein linsengroß Stück in den Leib käme. Soll aber mit Butter und Enzian geheilt und gedämmt werden.

Seine Zähn zu Aschen gebrannt / und mit Honig verstrichen / säubert der Zähn Fleisch / macht weiß Zähn / und gantz nebenbei / macht den Kindern ohne Schmerzen Zahnen.

VON DEM SÄGEFISCH

Dem Meerhund verwandt und zu den Rochen zu rechnen ist der Sägefisch, dessen Schnauze schwertartig verlängert und gesägt ist. Mit seiner Säge zerteilt er die Tange und wühlt im Grund. Er schwingt sie wie eine Sense in die Schwärme friedliebender Fische und hält blutige Ernte.

Ein Mischwesen aus Wal und Sägefisch. Von ersterem stammt die Delphingestalt, vom Sägefisch dagegen die „Bewaffnung". Vorkommen: Indischer Ozean (Gesner).

VON DEM INDIANISCHEN JAGDFISCH (PISCIS INDICUS)

Während in unserem Lande die Hasen auf dem Feld durch Jagdhunde und die Tauben in der Luft durch Jagdfalken geschlagen werden, haben andere Völker Fische zur Jagd abgerichtet. Ein solcher Jagdfisch wird hier vorgeführt.

Er hat die Gestalt eines Aals mit einem großen Kopf. Auf seinem Nacken trägt er einen Fell- oder Hautsack, den er nach vorn umstülpen kann, und er fürchtet das Licht. Damit ist er für die Indianische Jagd gut ausgerüstet. Die Fischer führen den Jagdfisch an kurzer Leine am Boot. Wenn sie eine Schildkröte oder einen lohnenden Beutefisch sehen, lassen sie dem Jagdfisch Leine. Sobald dieser merkt, daß er mehr Spielraum hat, schießt er wie ein Pfeil nach der Beute, wirft dem Opfer den Fellsack über den Kopf und hält das verblüffte Tier fest. Die Fischer holen nun die Leine Klafter um Klafter ein und ziehen dabei den Jagdfisch zur Oberfläche. Dort fühlt der lichtscheue Begleiter sich unwohl und überläßt den Fischern freiwillig seinen Raub. Sie holen den Fang ein, zerteilen ihn, geben ihrem Jagdfisch seinen Anteil ab und entlassen ihn wieder ins Finstere.

VON ALLERLEI WALFISCHEN

In der Bibel Luthers, aller (neuhoch-)deutschen Sprache Grund, im Buche Hiob, Kapitel 40, umschreibt der Gott Jahwe seine Schöpfermacht, indem er sein gewaltigstes Geschöpf vorstellt:

„Kannst Du den Leviathan ziehen mit dem Haken und seine Zungen mit einem Strick fassen?

Kannst Du einen Angel in die Nasen legen und mit einer Stachel ihm die Backen durchbohren?

Meinst Du, er werde Dir viel Flehens machen oder Dir heucheln?

Meinst Du, daß er einen Bund mit Dir machen werde, daß Du ihn immer zum Knecht habest?

Kannst Du mit ihm spielen wie mit einem Vogel oder ihn Deinen Dirnen binden?

Meinst Du, die Gesellschaften werden ihn zuschneiden, daß er unter die Kaufleute zerteilet wird?

Kannst Du das Netze füllen mit seiner Haut und die Fischreusen mit seinem Kopf?

Wenn Du Deine Hand an ihn legst, so gedenke, daß ein Streit sei, den Du nicht bestehen wirst.

Wer kann ihm sein Kleid aufdecken, und wer tät es wagen, ihm zwischen die Zähne zu greifen?

Schrecklich stehen seine Zähne umher.

Seine stolze Schuppen sind wie feste Schilde, fest und enge ineinander.

Eine rühret an die ander, daß nicht ein Lüftlein dazwischen geht. Es hänget eine an der andern und halten sich zusammen, daß sie nicht voneinander trennen.

Sein Niesen glänzet wie ein Licht, seine Augen sind wie die Augenlide der Morgenröte.

Aus seinem Munde fahren Fackeln und feurige Funken schießen heraus.

Aus seiner Nasen gehet Rauch wie von heißen Töpfen und Kesseln.

Sein Odem ist wie lichte Lohe und aus seinem Munde gehen Flammen.

Er hat einen starken Hals und es ist seine Lust, wo er etwas verderbet.

Die Gliedmaß seines Fleisches hangen aneinander und halten hart an ihm, auf daß er nicht zerfallen kann.

Sein Herz ist so hart wie ein Stein und so fest wie ein Stück vom untersten Mühlstein.

Wenn er sich erhebet, so entsetzen sich die Starken und wenn er daherbricht, so ist keine Gnade da.

Wenn man zu ihm will mit dem Schwert, so reget er sich nicht, oder mit Spieß, Geschoß und Panzer.

Er achtet Eisen wie Stroh und Erz wie faul Holz.

Kein Pfeil wird ihn verjagen, die Schleudersteine sind ihm wie Stoppeln.

Den Haken achtet er wie Stoppeln, er spottet der bebenden Lanzen.

Unter ihm liegen scharfe Steine und er fahret über scharfe Felsen wie über Kot.

Er macht das tiefe Meer siedend wie ein Topfen und rührets ineinander, wie man eine Salbe menget.

Nach ihm leuchtet der Weg, er macht die Tiefe ganz graue.

Auf Erden ist ihm niemand zu gleichen."

Was ist das für ein Tier, das hier vorgestellt wird? Fraglos ein Ungeheuer, den Menschen nicht faßbar und schon gar nicht zu erjagen. Angel, Netz und Reuse, auch Stachel, Speer, Lanze, Pfeil, Schwert, Geschoß und Schleuderstein, die Waffen zu Wasser und zu Lande in der Zeit des Hiob und noch der Zeit Luthers tun ihm nichts an.

Ein Wirbeltier ist es zweifellos, das im Meer lebt: Es besitzt Zunge, Nase, Backen, Augen und Zähne (diese besonders), es ist mit Haut, Hals und Herz ausgerüstet. Ein Panzer schützt es vor Angriff und Schaden, und häufig muß es Dampf ablassen, solch ein Warmblüter ist es.

Wir wollen versuchen, aus den Berichten der Seefahrer, Reisenden und Naturhistoriker späterer Zeiten herauszubekommen, was hier schwimmt. In der Bibel selbst wird noch an anderer Stelle, nämlich im Buche des Propheten Jona, im 2. Kapitel, eine weitere Bestimmung vorgenommen: Das Meer siedet wie ein Topf, der Prophet wird als Unglücksbringer über Bord eines Frachters geworfen, und ihm widerfährt eine Begegnung mit unserem wasserlebenden Wirbeltier:

„Aber der HERR verschaffte einen großen Fisch, Jona zu verschlingen, und Jona war im Leibe des Fisches drei Tage und drei Nacht."

In der Predigt des Father Mapple über dieses Geschehen heißt es dazu:

„Dann schnappt der Fisch mit allen seinen Elfenbeinzähnen zu, die wie ein

Jonas Unglück, dargestellt in der Luther-Bibel von 1545.

weißes Gitter vor Jonas Kerker liegen. Herrlich ist Jonas Gesang im Bauch des Fisches, unbändig und groß wie die Meereswoge."

Jona bereut seine Schuld, die er auf sich geladen hat und wird schließlich gerettet:

„Der Fisch brach hervor ans Sonnenlicht und spie Jona an Land."

Ein solcher Unfall soll nicht nur dem Jona widerfahren sein, sondern auch anderen Persönlichkeiten, so dem Herakles und Jim Barthley, und der indianische Held Boin läßt sich im Magen eines Riesenfisches ins Paradies chauffieren und bezahlt seine Überfahrt mit Tabak, den der Fisch nutzt, um Rauch zu blasen.

Solch mitunter hautenges Beisammensein von Mann und Fisch vertieft zwangsläufig die Kenntnisse des Menschen über das Tier. Der riesige Fisch des Hiob kann Menschen unversehrt schlucken und dann der Erde wiedergeben, sein Halsloch ist entsprechend weit. Der Innenraum ist vorübergehend bewohnbar, der Fisch überdies ein Raucher.

Die alten Griechen und Römer kennen den Riesenfisch der Bibel ebenfalls. Seine Gefährlichkeit und sein gewaltiger Appetit sind im Seemannsgarn nicht verloren gegangen: So wird der ganze Heerzug des großen Alexander am Wege nach Ägypten erschreckt durch das scheußliche Aufblasen des Wassers, und Plutarch, der große Vergleicher, schreibt schaudernd:

„Und was immer von außen in das Chaos im Maule dieses Ungetüms hineingerät, sei es Tier, Boot oder Stein, unaufhaltsam fährt es in den ekeln Schlund hinab und kommt um in des Wanstes bodenlosem Abgrund."

Die Geschichtsschreiber und Geographen Juba und Turanius berichten vom Vorkommen eines riesigen Fisches vor Arabien und am gaditanischen Gestade, und Marcus Scaurus soll die Gebeine der Bestie erstmals unter Zimbelklang durch Rom geführt haben.

Der Römer Plinius, Soldat und Naturhistoriker, der oft jedes Jäger- und Anglerlatein unbesehen in seine „Historia naturalis" aufgenommen hat, nennt das Tier deutlich:

„Das indische Meer erzeugt die meisten und größten Fische, die es gibt, darunter die Walfische, jene Seeungeheuer, die Balaene genannt werden und so lang sind wie 4 Acker Landes."

Plinius hat damit gewagt, den Schritt vom Unfaßbaren zum Sicherbaren zu tun, er nennt das Tier beim Namen und legt ihm die Meßlatte an. Der Riesenfisch schickt sich an, aus der Welt des Mythos in das Reich der Zoologie hineinzuschwimmen. Aber er kommt nicht recht voran dabei, obwohl oder weil er solch ungeheures Format besitzt. In den Jahrhunderten nach Plinius bleiben die Wale im wesentlichen Inhalt von Seemannsgarn und Gegenstand orientalischer Erfindungskunst. El Kazwini schreibt vom Wal als von einem 300 Ellen langen Fisch. „Wenn er die Flossen hebt, ist es gleich einem ungeheuren

Segel." In den Berichten von Sindbad dem Seefahrer, einem glücklich Überlebenden zahlreicher haarsträubender Seeabenteuer, heißt es:

„Und während wir so auf dem Meere dahinsegelten, kamen wir eines Tages zu einer Insel, die so schön war, daß sie einem Paradiesgarten glich. Der Kapitän machte dort mit uns halt; und nachdem er die Anker ausgeworfen hatte, legte er die Landungsplanke an, und alle, die sich auf dem Schiff befanden, gingen auf der Insel an Land. Nachdem sie sich dort Herde errichtet hatten, zündeten sie Feuer darin an und machten sich an Arbeiten mancherlei Art. Die einen kochten, die anderen wuschen, wieder andere schauten sich um. Ich gehörte zu denen, die auf der Insel umhergingen. Als dann alle Reisenden bei Essen und Trinken, Kurzweil und Spiel versammelt waren, rief plötzlich der Kapitän, der an Bord des Schiffes stand, uns Ahnungslosen mit lauter Stimme zu: ‚Ihr Leute, rettet Euer Leben! Lauft, kommt an Bord und beeilt Euch mit dem Kommen! Laßt Eure Sachen im Stich! Flieht, solang Ihr noch lebt, rettet Euch vor dem Verderben! Die Insel da, auf der Ihr seid, ist keine Insel; sie ist ein großer Fisch, der mitten im Meer feststeht. Sand hat sich auf ihm abgelagert, so daß er nun wie eine Insel aussieht und Bäume auf ihm gewachsen sind. Als Ihr das Feuer auf ihm anzündetet, da merkte er die Hitze und bewegte sich. In diesem Augenblick wird er mit Euch in die Tiefe versinken, und dann werdet Ihr alle ertrinken. Drum bringt Euch in Sicherheit, ehe das Verderben über Euch kommt.' Die Leute, als sie seine Worte hörten, liefen fort und kletterten eilends auf das Schiff. Ihre Sachen, Kleider, Kessel und Feuerherde ließen sie liegen. Einige erreichten das Schiff noch, andere kamen zu spät; denn schon hatte jene Insel sich bewegt, und bald verschwand sie in der Tiefe mit allem, was darauf war, und darüber schloß sich das tobende Meer mit den brandenden Wogen ringsumher. Ich war einer von denen, die auf der Insel zurückbleiben mußten, und ich versank mit ihnen im Wasser; doch Allah der Erhabene behütete mich und rettete mich vom schrecklichen Tode des Ertrinkens."

In diesem Reisebericht schreckt der Wal vornehmlich durch seine Größe, ansonsten ist er ein vergleichsweise ruhiges Tier geworden. Selbst bei Berücksichtigung der üppigen Geschwindigkeit tropischen Pflanzenwachstums muß er jahrelang unbewegt gelegen haben, damit Bäume auf seinem besandeten Rücken sprießen konnten. Seine Unempfindlichkeit gegenüber mechanischen Störungen ist außerordentlich, das Eindringen des Ankers, das Anlegen von Planken schrecken ihn nicht aus seiner Ruhe. In einer irischen Legende wird eine Erklärung für die ausdauernde Ruhe des großen Fisches geliefert. Es handelt sich um einen Fisch, der Tag und Nacht versucht, sich in den Schwanz zu beißen, aber so lang ist, daß es nie dazu kommt. Erst ein heißer Ofen bringt ihn offenbar dazu, Kühlung in der Tiefe zu suchen. Das Bild auf der nächsten Seite beweist dies, zusammen mit einem Bericht von Gesner:

Es sollend auch etliche Walfisch 4mal so groß sein als der größte Elfant / daß auch zu Zeiten die Schiffsleut vermeinend / sie habend bei Nacht den Boden / Grund oder Erden gefunden / und ihre Anker auf sie werfend / sich zur Ruhen begebend: die Tier dann aus Bemerken oder Spüren des Feuers / sich zum Grund schwenkend / Leut / Schiff und alle Ware zugleich herunter ziehend.

Europäisches Erbe und arabische Tradition treffen zusammen in den Erzählungen der Küstenbewohner im Bericht des Doctor universalis Albertus Magnus, wie er von Konrad Gesner übernommen wurde:

... habend ein dicke schwartze Haut über den Ohren / Augen so groß / daß ein Ort / darin das Auge gestanden / 15 Menschen fassen mag / zu Zeiten 20. Sie habend lange Striemen / oder Hörner über den Augen / mit welchen sie die Augen beschließend zur Zeit des Ungewitters / gemeiniglich 8 Fuß lang / gleich einer Heusensen / an der Zahl 250 um jedes Auge an die Haut gelegt.

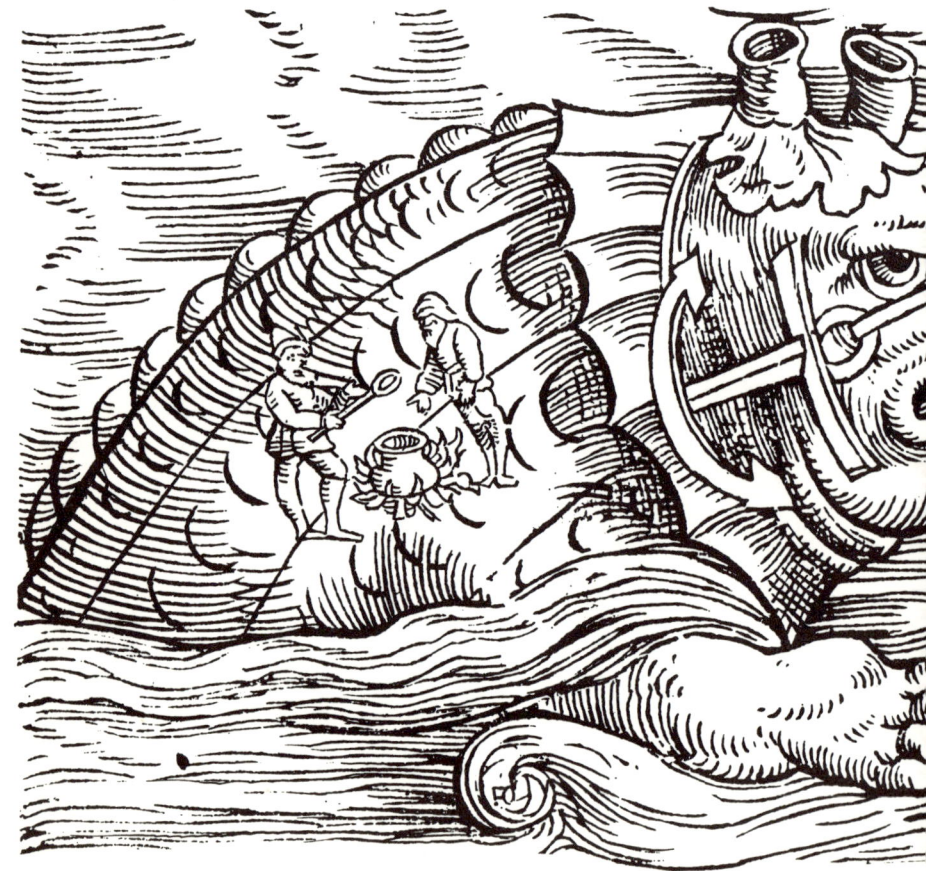

Ein scheußlicher Irrtum: Schiffer auf dem Rücken eines Wals, den sie für eine Insel hielten (Gesner).

Kommend zu beachtlicher Größe / da sie Rippen habend wie die Rahen / Firste oder Treppen der Häusern. Ein solcher (Wal) soll vier Jauchart* Feld einnehmen mit der Breite seines Bauchs: Der größte / so Albertus gesehen / hat 300 Karren beladen / die Gebein samt dem Fleisch zu Stücken geschroten. Solcher Schwere werdend auch selten gefangen: aber deren so 200 oder 150 Karren beladen / werdend gemeiniglich gefangen (spricht er).

Seine natürlichen Glieder habend sie innerhalb dem Leib / und so er nollen will / streckt er den Zumpel heraus: die Mutzen (Vagina) der Weiblin gleichend einer Frauen Mutzen / machend kurtze Arbeit / gleich allen Tieren / welchen die Hoden in dem Leib verborgen liegend.

---

* Jauchart = Juchert, ein altes schweizer Flächenmaß von etwa 36 ar. Ob der gebürtige Schwabe Albertus Magnus ursprünglich ähnliche Größenvorstellungen hatte, entzieht sich unserer Kenntnis.

Anatomische Details werden damit erstmals vermessen, das Paarungsverhalten geklärt. Das Fabeltier Wal kann nunmehr auch gefangen werden, was bei Hiob und Jona noch für undenkbar galt; die Eskimos zuerst, dann auch die Basken und die Friesen beginnen, Teile des Tiers zu nutzen: Schmalz und Tran sind begehrt, und stärker noch die Ambra, das geheimnisvolle Produkt, auf das wir später näher eingehen werden.

Die ersten ausführlichen Beschreibungen von allerlei Walfischen entstehen im 16. Jahrhundert. Sie kombinieren – wie ihre Zeit allgemein – alte scholastische Papierweisheit und kindlichen Glauben an Sagen sowie Seemannsgarn mit neuem naturwissenschaftlichen Beobachten und durchweg merkantilem Denken. Mehrere große Sammler und Ordner von naturhistorischen Objekten, vor allem Konrad Gesner, schildern das Tier ausführlich. Wir wollen den Vorstellungen Gesners ein wenig folgen. In seiner „Historia animalium" beschreibt er zunächst die Walfische ganz allgemein:

Walfisch werdend fürnehmlich die genennt / so groß sind / vollkommen lebendige Tier gebärend / aus ihrem Samen / gleich den vierfüßigen Tieren / nit von Eieren.

Die großen Walfisch habend keine Schuppen / sondern allein ein dicke glatte Haut / habend keine Kiemen sondern von wegen der Lungen Röhren oder Löcher / durch welche sie das Wasser / so sie mit der Speis verschluckt / wiederum heraus kotzend oder sprühend. Ziehend auch durch solche die Luft / denn es ist unmöglich / daß die Fisch so Kiemen habend / atmend oder blasend / dieweil sie kein Lungen habend. Lungen sind ihnen erschaffen aus der Ursach / daß solche merkliche Tier zu der Bewegung mehr Hitzebedürfnis habend / als

Weiblicher Wal mit Jungen, eines davon säugend (Gesner).

Aristoteles schreibt. Zu solchen Röhren / so eine Ellen lang sein sollend / kotzend sie zu Zeiten so viel Wassers / daß sie gantze große Schiff mit Wasser ertränkend.

Seine Fisch Federen (Flossen) so von vielen Sprossen zusammen gesetzt / sollend gantz schön sein / gleich dem Gehürn / schwartz als die Büffels Horn / brechend nit vom Biegen / glänzend an der Sonnen gleich dem Gold / sollend in dem Alter weiß werden. Das Maul oder Leffzen so weit daß man Schifflein davon bereitet.

Die Lebensgewohnheiten der Wale erklären sich dem denkenden Forscher zwangsläufig aus der ungeheuren Körpergröße des Tiers:

Die Walfisch kommend an keine flache / enge Ort oder Gestade / sondern wohnend allein in den Tiefen des weiten Meers / sind schwer / langsamer fauler Art und Bewegung / alle Zeit fräßig von der Größe ihres Bauchs und Magens / unersättlich / aus welcher Ursach auch sie sich selber fressend / der Stärker und Größer den Minderen und Kleineren.

In der Paarung erweist sich der Wal als ein zupackender Geselle, der nicht viel übrig hat für Florentinische Nächte. Das Ergebnis seiner ungesäumten Taten sind Kinder, die noch lange an seiner Frau zehren:

Die Walfisch nollend gleich anderen Tieren / ja nit ungleich den Menschen / denn sie habend ihre natürlichen Glieder den anderen irdischen Tieren gantz ähnlich / säumend sich nit lang in solchen Geschäften / gebärend ein vollkommene lebendige Frucht / habend Ditten oder Euter / Milch / saugend zu Zeiten zwei Junge / welche den Alten nachfolgend / welches von vielen Fischeren des Teutschen / Englischen / Flandrischen und Illirischen (adriatischen) Meers gesehen und wahrgenommen ist.

In der Gefahr oder Forcht / ebenso gegenwärtig großen Ungewitters / sollend die Walfisch ihre Jungen in das Maul oder Rachen hinab schlucken / und nach etliche Zeit wiederum heraus kotzen.

Naturgemäß nimmt in den Erzählungen der Alten die Gefährlichkeit und Bestialität dieser Meeresriesen einen breiten Raum ein. So bringt auch Gesner viele Beschreibungen und Darstellungen, die er teils von Seefahrern gehört haben muß oder die schon von seinen Vorgängern, wie Olaus Magnus, bildhaft beschrieben wurden:

Etlich große Balenen (Wale) oder Braunfisch / welche mit der Größe gleich sollend sein dem Gebirg / kehrend die Schiff so sie bekommen zu Grund ...

An anderer Stelle heißt es:

Fahrend mit großer Gewalt / Ungestüme in dem Meer daher / bewegend groß Wellen / werfend scheußlich Wasser auf / über die Schiff herein und truckend die selbigen zu Grund.

Aber erste Verhaltensstudien und Reaktionsnormen sind dem Konrad Gesner ebenfalls bekannt. Diese Feststellungen sind von entscheidender Bedeutung für den Fischer, denn nur genaue Kenntnis des Walverhaltens schützt den gefährdeten Seemann vor dem grausamen Tier. Nach Berichten des Aldrovandus werden die Wale vom Geruch von Harz oder Pech unwiderstehlich angezogen, auch spielen sie sehr gern mit leeren Fässern. Stellt man bei einer

Vernichtung eines großen Schiffes durch den Wal (Gesner).

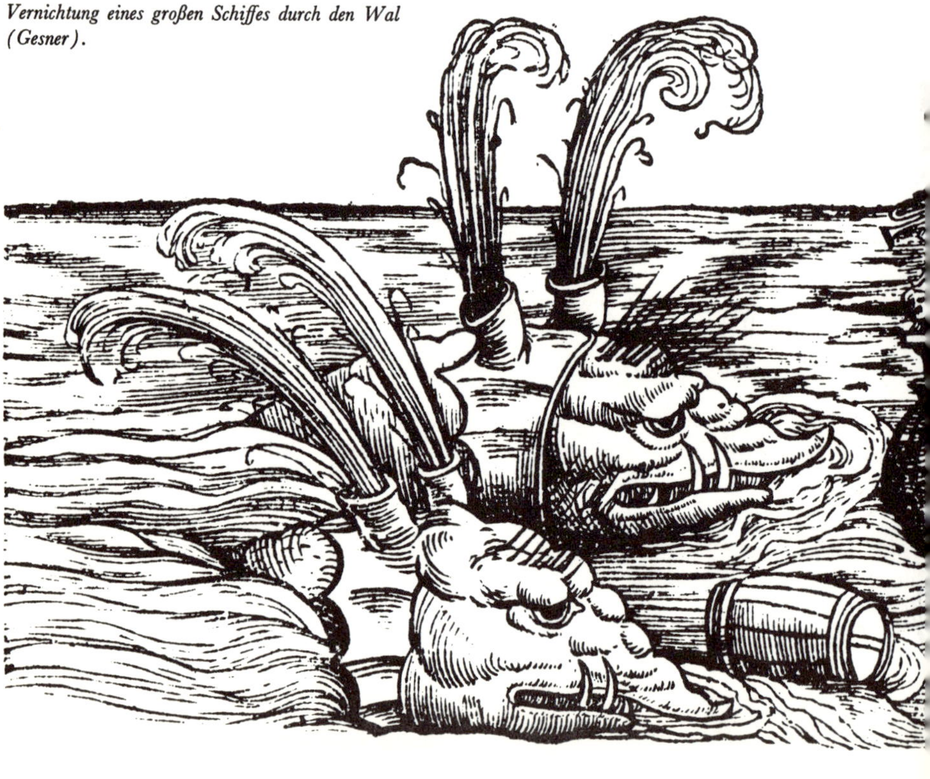

Begegnung diesen Hang zum Besonderen in Rechnung, kann man sich vor einem Angriff recht einfach und wirksam schützen: Durch frisch verharzte Fässer wird das Tier vom Schiff abgelenkt, und zeitgenössische Musik schreckt es zusätzlich zurück:

> Die großen Walfisch werdend erschreckt mit wildem / grausam Getümmel / Trumpeten / Trummeln / Schreien / Klopfen / Stoßen / und Schlagen. Ebenso von dem Getümmel der großen Stücken der Kartaunen (großkalibriges Geschütz) / und Getön von den leeren Fässern so in das Meer geworfen / werdend sie abgeschreckt und hinweg getrieben / welches auch in dem Baltischen Meer geschehen soll als hier von gehört.

Über die allgemeine Beschreibung von Bau und Taten der Walfische hinaus liefert Gesner differenziertere Darstellungen. Er weiß genau, daß Wal nicht gleich Wal ist. Das hat er aus der Literatur und den Berichten der Augenzeugen herausgefunden:

> Die Walfisch sind an der innerlichen und äußerlichen Gestalt oder Erschaffung / und an der Größe ungleich / denn etliche habend große / lange / starke Zähn / etliche kleine / aber derselben viel / etliche gleich den Wolfzähnen / andere gar keine / sondern an solcher Statt

Angriff und Abwehr (Gesner).

lange Bürst / etliche habend Röhren dadurch sie blasen / etliche allein Löcher auf der Nasen / bei den Augen. Sie lebend auch ungleich.

In dem Meer / so die Landschaft Taprobana (Ceylon) umgibt / ein Unzahl der großen Walfischen gesehen werdend / von welchen etlich habend das Angesicht der Löwen / Panthertieren / und der Widdern / auch der Affen / etlich das Angesicht der Weibern / welchen an Statt des Haars Dorne herab hängend.

Ist es auch noch allzu früh, eine systematische und von allen einschlägigen Forschern akzeptierte Einteilung der Wale vorzunehmen, so kann doch Art neben Art vorgestellt werden, ganz einfach durch Nennung beim Namen in alphabetischer Folge und einer zugegeben etwas lückenhaften aber dafür anschaulichen Beschreibung:

Etliche teutsche Namen der Walfischen / welche Hubertus Lagnetus / als er von Hamburg in Island geschiffet / wahrgenommen / und etlichen Freunden mitgeteilt hat.
Andwal / ist 23 Klafter lang / wird von niemand gessen.
Blotewal / das ist / blutige Wal / ist nit zu essen.
Fischskeck / ist 30 Schritt lang / verfolget die Scharen der Heringen.
Gerwal / ist nit zu essen / wird also genennt von seines langen / spitzen Schnabels wegen.
Hauerkeite / ist 30 Schritt lang / hat Mark und Unschlitt (Eingeweide) gleich einem Ochsen: mag Rinderwal genennt werden.
Karkwal ist auch 30 Schritt lang / hat 70 Zähn / welche die Schmied begehrend zu ihrem Gebrauch: mag Zahnwal genennt werden: wiewohl auch der Rusor solchen Namen bekommt.
Nachtwal / ist 20 Ellen lang / hat Zähn 3 Ellen lang.
Nonwersrack / ist 50 Ellen lang / verschluckt und kehrt um Leut / Schiff und Viech / als auch der Rußwal.
Nordwal lebt vom Tau und Regen / 12 Schritt lang und breit.
Rauenschwal / das ist Rappenwal / von der schwartzen Farb / kummt nit in die Speis.
Rorewal / solcher soll einer milden Natur sein / gantz groß und dick / 30 Schritt lang.
Rußwal / ist 50 Schritt lang / verschluckt gantze Schiff samt den Leuten / kehrt sie zu Grunde.
Schellenwinck / 80 Schritt lang / kehrt auch die größten Schiff herum.
Schildwal von seinem Schild / wird nit gessen.
Schlichtback / von Härte wegen seiner Haut / 30 Schritt lang / fürchtet die Menschen.
Wangwal / ist 12 Schritt lang / hat Zähn gleich einem Hund.

Diese Beschreibungen werden schließlich ergänzt durch Bilder, die weitgehend von Olaus Magnus übernommen und geglaubt werden, wenn auch mit einer gewissen kritischen Distanz, die gegenüber konkurrierenden Kollegen stets angebracht ist:

Hernach folgend etliche Figuren der großen scheußlichen Walfischen / gezogen aus der Beschreibung des Mittnächtigen Meers des Olai Magni / wie er die all conterfeit / hat drucken lassen / wie gut und recht mag er selbst verantworten.

Gesner nimmt sich auch die Freiheit, die abgebildeten Tiere nach Gutdünken zu benennen. Da gibt es dann den Schweynwal, der vorn mit den Hauern des wilden Ebers versehen ist und am Körper hübsch ornamentiert; den Bartwal, dem die Barten noch als Bart durch die Wangen nach außen stehen; den behaarten Wal mit wahrer Beatle-Mähne, von dem bisher allerdings nur der Kopf gesehen wurde. Ein umsichtiges Tier ist der Grabwal, der seinen Namen von seiner Ähnlichkeit mit einem Maulwurf bezieht. Augen sind rundum über seinen Körper verteilt und erlauben ihm, wie und wo er auch gräbt und schürft,

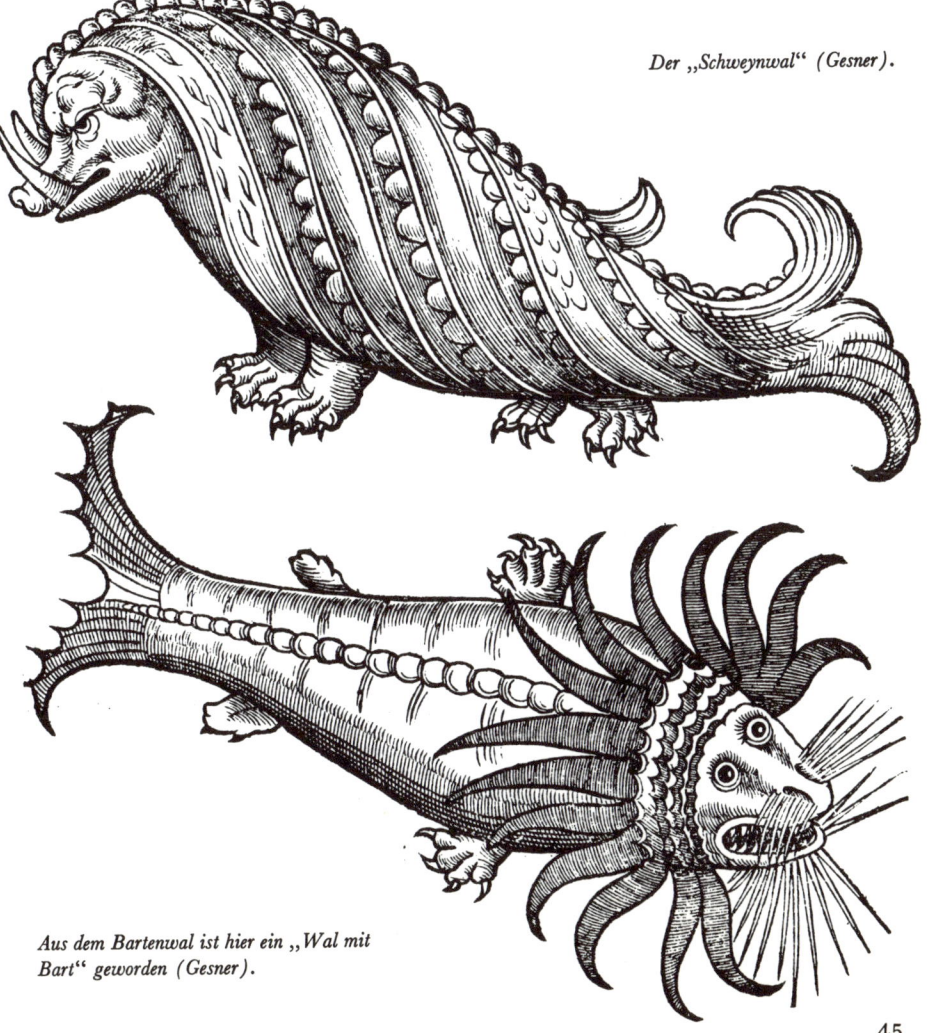

Der „Schweynwal" (Gesner).

Aus dem Bartenwal ist hier ein „Wal mit Bart" geworden (Gesner).

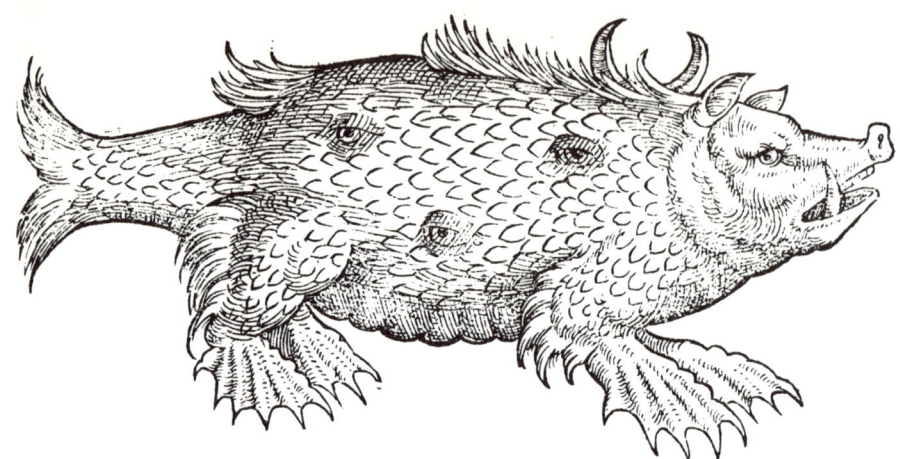

Der Hyänenwal, in der deutschen Ausgabe Gesners auch Grabwal genannt, übernommen von Olaus Magnus, welcher das Vorkommen dieses Monsters bei Thule beschreibt.

Hornwal aus dem Meer um Grönland, übernommen von Olaus Magnus (Gesner).

Kopf des Schopfwals (Gesner).

Kopf und Hals des Spritz- oder Blaswals (Gesner).

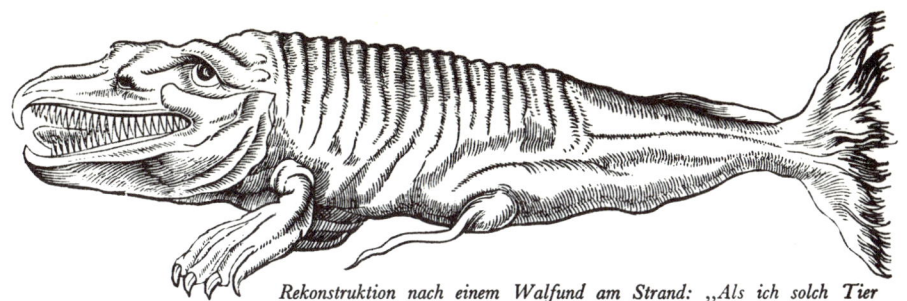

Rekonstruktion nach einem Walfund am Strand: „Als ich solch Tier gesehen | hat es mächtig übel gestunken" (Gesner).

den argwöhnischen Blick zur offenen Seite. Zwei weitere Wale, der Schopfwal und der Hornwal, der uns in einem anderen Kapitel erneut beschäftigen wird, stecken nur in der Umgebung von Spitzbergen den Kopf aus dem Wasser. Beide sind leicht zu identifizieren. Der Schopfwal weist große Ähnlichkeit mit dem Meeresgott auf, der Hornwal trägt ein Horn auf der Stirn. Zwei Hydranten spritzen Wasser aus dem Scheitel des Spritz- oder Blaswals. Der Britannische Walfisch kann die Verwandtschaft zum schrecklichen Krokodil nicht verleugnen, der Rusor kehrt die Evolution wieder um, denn er verläßt zeitweilig das Meer, ersteigt die Berge und weidet die Almen ab. Modernes biologisches Denken wird am Beispiel des Suffwals verdeutlicht. Während der geschnäbelte Wal vorn noch eine klagende Robbe kaut, schlägt bereits ein anderer Jäger die Hauer in seinen eigenen Leib: eine erste frühe Darstellung der Nahrungskette.

Ausschnitt aus der Nahrungskette (Gesner).

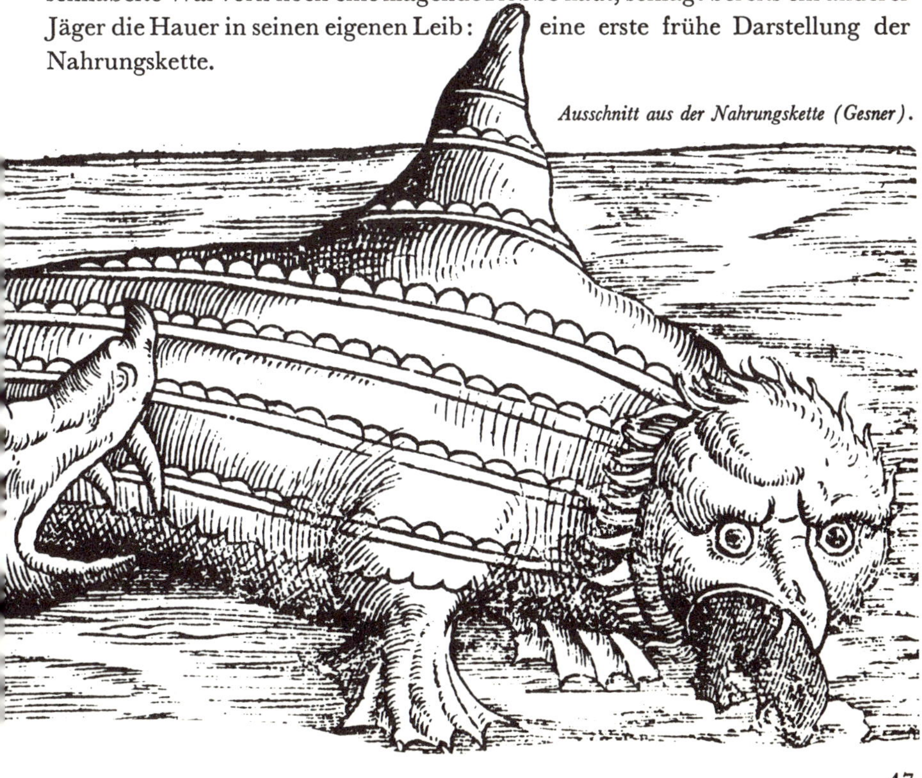

Vergleicht man die Walbilder des Olaus Magnus mit der oben aufgeführten Wal-Liste des Seefahrers Hubertus Lagnetus, dann erkennt man, wie weit Theorie und Praxis auseinanderklaffen: Kein Bild gibt einen von Lagnetus benannten Wal wieder, und in der Liste des Seefahrers taucht keines der abgebildeten Tiere auf.

„Mit was Kunst oder Listigkeit die großen Walfisch gefangen werdend"

Gelegentlich wird ein Wal ausgeworfen an das Gestade, und dann von den Bewohnern der Küste zerlegt. Mit Äxten und Haumessern wird er unter dem Klang der Sackpfeife abgespeckt und zur weiteren Gewinnung von Haushaltsgegenständen ausgewertet. Das erweckt den Wunsch, mehr solcher kostbarer und gewinnbringender Tiere zu besitzen: Der Antrieb für den Walfang ist da.

Es finden sich mutige Männer, die entweder die Furcht vor dem riesigen Tier durch die Aussicht auf Gewinn unterdrücken oder die genügend Vertrauen in frisch geharzte Fässer haben, und diese ziehen los auf Fangfahrt. Wie aber werden sie des Leviathan Herr? Auch diese Frage wird von Gesner gewissenhaft beantwortet; mit einem Wechsel von Attacke und Rückzug wird das Tier zur Strecke gebracht:

Oben rechts: Der Wal wird geschlachtet, das Fleisch gleich in Tonnen aufgeteilt und eingepökelt. Schauplatz sind die Faröer-Inseln (Gesner).

Waljagd (Gesner), nach einem „wunderlichen Autoren".

Die Schiffsleut sammelnd sich zu Hauf an ein Ort / da sie vermeinend Walfisch zu finden / habend große / lange / scharfe Haken / oder Rechen / gleich einem Angel / an langen Stangen / an welcher End ein Loch / durch welche gantz lange / starke / große Seiler gezogen. So sie dann mit fleißigem Aufmerken ein solch Tier erspähend daher fahren / schlagend sie die Haken all zu Mal in sein Haut / und fliehend danach. Als dann der Fisch verwundet / aus Schmerzen begehrt sich nach dem Grund zu drucken / dann das gesaltzen Wasser beißt sie in ihre Wunden in solchem Kniffen / treibt er die Spitz der Haken je länger je mehr herein / auch durch das Fleisch / also daß auch das Blut herauf schwimmt / ... Alsdann häufen sich die Schiffsleut mit ihren Barken zusammen / und so sie einander zugeschrieen / gleich als ob ein Schlacht zu tun / greifend sie die Tier mit großer Ungestüme an / mit Spießen / Pfeilen / Ruderern / Axten / krummen Messeren / allerlei Geschoß und Instrumenten / verwundend / hauend / schlagend den Walfisch / so mächtig er auch widerstrebe / die Wellen und Wasser bewege / also daß auch das Meer von Blut rot wird / und so sie gesieget / schleifend sie ihn zu Land / und teilend unter ihnen sein Fleisch mit großer Freud und Frohlocken.

So aber die Walfisch mit solchen Instrumenten in die Weite schwimmend / so habend sie (die Jäger) die Arbeit verloren und großen Kosten empfangen.

Gelegentlich geht solch ein Unternehmen also auch mal schief und das Fanggerät verloren.

Mit Bootshaken und Pfeilen rückt man hier einem ganz eigentümlichen Ungeheuer zuleibe, einem Tier mit Schuppenkleid und Stirnsäge (Gesner).

„Was Nutzbarkeit man von solchen Tier habe"

Schon Gesner kann eine lange Liste nutzbringender Teile des königlichen Fisches vorlegen. Da ist einmal das Fleisch, das gesalzen eine anspruchslose Nahrung darstellt:

Die Walfisch all zu Mal habend ein hart Fleisch / hart zu verdauen / voll von Flüssigkeit / Schleim und Wust / machet rauh ungekochet Blut / ist den alten Leuten gar ein schädlich Speis: Ursachend ein dick / schleimrig / wüst Geblüt. Aus der Ursach werdend sie

51

des großen Teils eingesaltzen / hernach aus dem Saltz gessen: denn das Saltz machet es ein wenig besser / angenehmer / löblicher dann so man sie roh isset: doch ursachet es gleich / als alle eingesaltzene Speis / ein schwer melancholisch Geblüt.

Weiter schwimmt im Wal ein Meer von Öl und Tran, von Gesner so beschrieben:

Allein sein Kopf soll hundert Centner Schmaltz geben haben / aus welchen ein Centner um fünfeinhalb Rheinischen Gulden seie verkauft worden. Solch Schmaltz brauche man zu den Lichtern / und etlichen anderem Brauch. Als ein Hund mit solcher Feiste sich gefüllt hat / soll ihm das Schmaltz zur Stund durch alle Haut herausgeschwitzt haben / und der Hund gestorben. Ist in der Farb als alter lauteren Maluaseyer (ein Likörwein). Aus einem kleinen Ripp soll drei Pfund Schmaltz geflossen sein.
Aus ihren starken Zähnen werdend schöne Hefte bereitet an die Messer oder Schwerter / dann sie sind weiß / und glitzend wie das Elfenbein / sind stärker.

Die Zähne werden also wie Elfenbein geschnitzt, die Kieferknochen dienen als gotische Türrahmen, die Rippen finden im Dachstuhl Platz, die „Nerffaderen" (Nervenfasern) werden als Saiten und Bogensehnen eingespannt. Besonderen Nutzen wußten damals die Kölner aus dem Wal zu ziehen:

Aus den Häuten werdend in etlichen Landen Kleider bereit / gantz stark Riemen geschnitten / welcher man zu Cöln am Markt ein große Mengen feil hat.

Und noch heute hängen zu Köln im südlichen Seitenschiff von St. Maria im Kapitol drei riesige, altersbraune Knochen des Grönlandwals und werden im Volksmund „Zint Märgens Repp", Sankt-Mariens-Rippe also, genannt.
Die geheimnisvollste Kreation des Wals stellt das Ambra dar, das am Strande gefunden oder auch dem Wal selbst entnommen werden kann. Es ist der Wirt eines edlen Duftes, es ist köstlich zu manchen Krankheiten, mächtig im Brauch der Arznei, stärkt Hirne, Herz und alle Sinne des Menschen. Dies Ambra, wegen seiner vielseitigen Verwendbarkeit im Dienste der Gesundheit und der Liebe hochgeschätzt, ist geheimnisvoller Herkunft. Sindbad der Seefahrer weiß die Quelle der wachsartigen Substanz auf einer entlegenen Insel:
„Dort entspringt auch eine Quelle von einer Art rohen Ambers. Der schmilzt in der Sonnenhitze wie Wachs und läuft über die Quellränder hinaus bis zur Meeresküste; dann kommen die Seeungetüme, verschlucken ihn und verschwinden wieder in der Tiefe. Aber es brennt ihnen im Leibe, und so speien sie ihn wieder aus dem Rachen aufs Meer hinaus; dann erstarrt er auf der Oberfläche des Wassers, seine Farbe und Gestalt verändern sich, und die Wellen werfen ihn an die Gestade des Meeres. Der rohe Amber jedoch, der nicht

verschluckt wird, fließt über die Ränder jener Quelle und erstarrt auf der Erde; und wenn die Sonne darauf scheint, so schmilzt er, und das ganze Tal dort duftet wie nach Moschus."

Sindbads Angaben sind nicht nachprüfbar, denn, so schreibt er, „Die Stätte, an der jener rohe Amber aufquillt, kann kein Mensch erreichen noch betreten; denn sie ist auf allen Seiten von jenem Gebirge umgeben, das niemand erklimmen kann."

Gesner allerdings schon glaubt den Bericht Sindbads nicht. Er identifiziert das Ambra als überflüssiges Sperma des Wals:

Das Männlin hat überflüssigen Samen / aus der Ursach ein Teil so heraus fließt von den Fischern aufgesammlet / Wirt eines edlen Geruchs / fast köstlich zu manchen Krankheiten / wird Ambra genennt / dergleichen Blüte des Meers.

Prosaischer sind dagegen die neuesten Vorstellungen über das Ambra: Es handelt sich um Darmausscheidungen des Pottwals.

Die Degradierung des Wals

Gesner und seine Zeitgenossen wußten also über die Walfische allerlei Interessantes zu berichten. War auch manches Detail auf dem Weg durch viele erzählende Münder und lauschende Ohren über die Natur hinaus in künstlerischer Freiheit umgestaltet, so wußte man doch, was ein Wal ist. In den nachfolgenden Jahrhunderten nahm die Gier unter den Menschen zu, der Walfang wurde ein blühendes Geschäft, und damit konnten die Vorstellungen vom gejagten Tier präzisiert werden. In der Mitte des 19. Jahrhunderts harpunierten bis zu 800 amerikanische Walfänger in allen Weltmeeren. Auch da noch war der Walfang mit Gefahr verbunden. Einzelne Tiere wurden von den Seeleuten als besonders gefährliche Individuen immer wiedererkannt und erhielten Spitznamen wie die Desperados des Wilden Westens: Melville berichtet von Timor-Tom, Neuseeland-Jack, Don Miguel und Moby Dick vor allem, der als ein Geschöpf der Dichtung ein lebendes Vorbild besessen hat, nämlich in dem Wal Mocha Dick, auch „Terror des Pazifik" genannt. Mocha Dick war ein weißer Pottwal von extremer Größe, der zwischen 1819 und 1859 3 Schiffe leckschlug, 14 Fangboote zerkaute und 30 Menschen zu Tode brachte. Damit erwarb er sich eine Reputation des Schreckens und der Untat, die ihm seine Rolle als Moby Dick in der Literatur verschaffte. Melville läßt in seiner Beschreibung dieses Tiers die Faszination und das Grauen noch einmal durchklingen, die Seereisende früherer Jahrhunderte jedem unbedeutenden Individuum der Walfamilie entgegenbrachten:

„Sein ganzer Körper war gestreift, gefleckt und marmoriert, und so hieß er zur Unterscheidung von anderen Exemplaren seiner Gattung der Weiße Wal. Den Namen rechtfertigte er vollauf durch das Glänzende seiner Erscheinung, wenn er am hohen Mittag durchs dunkelblaue Meer dahinglitt, hinter sich die schäumende Milchstraße seines Kielwassers, von tausend goldenen Lichtern übersprüht.

Was den Walfängern jenen panischen Schrecken einjagte, war weder seine ungewöhnliche Größe noch seine auffallende Färbung, noch auch sein mißgestalteter Unterkiefer. Es war die unerhört umsichtige Tücke, die er immer wieder bei seinen Angriffen bewies. (...) Da schwamm das Böse leibhaftig dahin, das Böse von Anbeginn, das nirgends greifbare, dem noch die Christen unserer Tage die Herrschaft über die halbe Welt einräumen."

Mit den friedvoll-bürgerlichen Artgenossen des Moby Dick aber wurde man in der Zeit der Industrialisierung gut fertig und zerteilte sie zum Nutzen der Kaufleute. Das Walöl ging ein in Seife und Kerzen, den Damen krönte Fischbein die Figur, die Herren wirbelten Stöckchen aus Walbein.

Der Wal war entmythisiert und auf ein handelsübliches Format gebracht worden. Nun konnte er auch durch die Wissenschaft zerlegt und numeriert werden. Zwar stritten sich die Doktoren, die eine Schiffsplanke nur aus der Literatur kannten, noch lange über eine Systematik der Wale, aber Melville, Dichter und Walfänger, faßte sich ein Herz und definierte:

„Der Wal ist ein Fisch mit waagerecht gestellter Schwanzflosse, der einen Atemstrahl ausbläst."

Und er ordnete dann alle damit umschriebenen Tiere in ein System ein. Er zählte nicht Knochen oder Zähne wie ein ausgekochter Zoologe, in dichterischer Freiheit faßte er die Wale ganz nach ihrem Volumen in ein System bibliographischer Natur:

1. Foliowale; zu denen gehören der Pottwal, der Grönlandwal, der Schwefelbauch und einige andere;

2. Oktavwale; dazu zählen Grindwal, Narwal und Mörder;

3. Duodezwale; hier treiben sich die Tümmler und anderes kleines Fußvolk herum.

Dieses einfache System Melvilles wurde in der Zoologischen Wissenschaft bedauerlicherweise nie akzeptiert, vielmehr wurden dort weniger übersehbare und weniger amüsante Einteilungsprinzipien verwendet, die kein Laie je verstehen wird. Gleichzeitig mit der Erfassung der Wale und ihrer Festlegung auf dem Papier werden sie auch noch Objekt der lustigen Bildergeschichten.

Rodolphe Toepffer transponiert das Jona-Motiv ins Biedermeier und zeigt das Innere eines großen Zahnwals als einen Raum, in dem es gut Mensch sein ist, wo der Plausch und das Spiel eine Atmosphäre der Geselligkeit schaffen.

Damit sind die Wale recht eigentlich am Ende ihrer Tage angekommen. Der letzte logische Schritt über die Karikatur hinaus ist die endgültige Ausrottung, und die ist ebenfalls bald geschafft.

Die Wale haben damit einen langen Weg mit dem Menschen zurückgelegt: Symbol der Macht des Schöpfers Jahwe; weltdurchpflügendes Meeresungeheuer; entthront und Mitglied einer zoologischen Familie; verniedlicht in der Bildgeschichte; ausgelöscht beinahe.

Auf der Flucht vor seiner heiratswütigen Verlobten wird Herr Cryptogam von einem Walfisch geschluckt.

Nachdem Herr Cryptogam unversehrt ins Innere des Walfisches gelangt ist, wird er vom Speisestrom gegen eine Rippe gespült.

Zu seiner Überraschung trifft er nebenan einen Gelehrten, der auf seiner Rippe wohnt und nach der verlorengegangenen Perücke angelt.

Wenn der Speisestrom Ebbe hat, steigen die beiden herab und spielen mit Austernschalen shuffle-board (Toepffer).

VON DEN DELPHINEN

Die Delphine sind die kleineren Brüder der großen Walfische. Wie der riesenhafte Pottwal sind sie Zahnwale, doch mit drei bis vier Meter Körperlänge recht klein geraten. In Melvilles bibliographischem System der Wale werden sie daher den Duodezwalen zugesellt. Die Delphine setzen als Säugetiere angenabelte Junge ins Meer. Ihre prähistorischen Vorfahren waren Landsäuger, die ins Meer emigrierten und dabei die Hinterbeine und die Ohrmuscheln gegen Finnen und Echolot eintauschten. Heute lebende Nachkommen dieser Pioniere sind vollendet an das Leben im Wasser angepaßt; gleichsam im Vorübergleiten erledigen sie ihre Alltagspflichten und haben darüber hinaus viel Sinn für das Erfinden neuer Spiele, was sie zum beliebten Objekt unserer Verhaltensforscher werden ließ. Mehrere Arten der Delphine werden heute aufgezählt. Besonders bekannt sind der Gemeine Delphin und die Flaschennase.

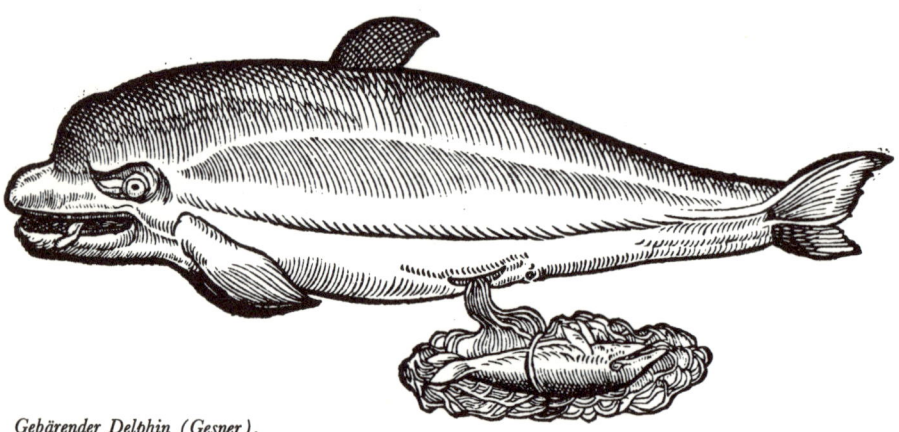

Gebärender Delphin (Gesner).

Während die großen Walfische dem mittelalterlichen Menschen unfaßbar erscheinen, als Tiere, die Gefahr ohnegleichen bedeuten, ist die Beziehung zwischen den geselligen Delphinen und den Menschen seit dem Altertum geprägt von Heiterkeit, Freude, Zuneigung, Freundschaft und verwandtschaftlichen Gefühlen.

Von den Tieren „meiden einige den Menschen, andere, wie Hunde, Pferde und Elefanten, sind zahm, weil der Mensch sie mit Nahrung versorgt; hingegen läßt die Natur uns allein beim Delphin finden, was die besten Philosophen erstreben – Freundschaft, die nicht auf Vorteil bedacht ist. Obwohl der Delphin in keiner Beziehung auf die Menschen angewiesen ist, erweist er sich ihnen als treuer Freund und hat schon vielen Menschen aus Bedrängnis geholfen", sagt Plutarch etwa 100 n. Chr., und Melville schreibt 1859: „Ich für meine Person nenne ihn Hurratümmler, da es mehrere Arten gibt und zu ihrer Unterscheidung etwas getan werden muß. Ich habe ihn so getauft, weil er fast immer in lustigen Scharen schwimmt und man auf hoher See fortwährend ein paar Exemplare gen Himmel schnellen sieht wie auf dem Unabhängigkeitsfest am 4. Juli die Mützen. Der Seemann freut sich jedes Mal, wenn dieses ausgelassene Volk – immer in Luv – aus den aufgewühlten Wogen auftaucht. Bei diesen Burschen geht alles vor dem Wind. Sie gelten als glückhaftes Vorzeichen, und wer sich über diese lustigen Kerle nicht freut, dem ist nicht zu helfen, ihm fehlt der göttliche Humor."

Die Berichte und Erzählungen des Altertums bezeugen dies Gefühl. Hilfsbereitschaft übt der Delphin gegenüber dem in Seenot geratenen Menschen; der griechische Sänger Arion, Odysseus' Sohn Telemach und viele nach ihnen wurden von Delphinen aus dem tiefen Meer gerettet und an Land getragen. So etwas tun die Delphine, weil sie in den Augen der Alten mit dem Menschen verwandt sind:

„Kein Wesen, das bisher erschaffen wurde, ist göttlicher als die Delphine, denn sie waren einstmals Menschen und lebten zusammen mit anderen Sterblichen in den Städten, bis sie auf den Rat des Dionysos das Land mit der See vertauschten und die Gestalt von Fischen annahmen", singt Oppian und nimmt damit dichterisch die Erkenntnis der modernen Abstammungsforschung voraus. Auch die Maoris, auf der anderen Seite der Erdkugel beheimatet, kennen Sagen, die eine Verwandlung von Mensch zu Delphin als zauberhaften Akt beschreiben.

Aus dieser Verwandtschaft ergibt sich folgerichtig ein Fangtabu:

„Die Jagd auf Delphine ist unmoralisch, und der Mensch, der ihre Tötung bewußt duldet, kann sich den Göttern und ihren Altären nicht mehr mit reinen Händen nähern; er entweiht alle, die mit ihm unter einem Dach leben. So wie die Götter das Töten von Menschen verabscheuen, gilt es ihnen auch als Verbrechen, den Herrschern der Meerestiefen gewaltsame Vernichtung zu bereiten." Oppian fährt an anderer Stelle fort:

„Die Delphine sind die Könige unter den Tieren, die in Scharen durch die Meere ziehen; sie sind sich ihrer Kühnheit, Schönheit und großen Schnelligkeit durchaus bewußt. Pfeilschnell und mühelos gleiten sie durch das Wasser, ihre Augen leuchten kühn und stolz und entdecken, wie mir scheinen will, jeden Fisch, der sich in einer Spalte oder am Grunde des Meeres zu verbergen trachtet. Wie die Adler die Könige der Lüfte sind, die Löwen die Herren des Landes, so wie die Schlangen unter den Reptilien hervorstechen, so sind die Delphine die vollkommensten unter den Fischen. Kein anderer Meeresbewohner wagt sich ihnen zu nähern oder sie gar anzustarren, vielmehr suchen sie zitternd das Weite, wenn der Herr der Meere schnaubend seinen Atem ausstößt."

Die Fürsten zu Lande, denen es zuweilen an Persönlichkeit gebricht, malen ihren Anspruch auf Rang und Würde mit dem Hinweis auf den Delphin aus, wie Gesner berichtet:

Der Delphin wird zurecht genennt und geachtet als der König und Regent des Meers und Wassers / von wegen seiner Anmut / Geschwindigkeit / Stärke / Listigkeit und Schnelle / aus welcher Ursach die König von Frankreich / Delphinat / auch etliche andere Fürsten und Regenten die Delphin zu einem Wappen führend / und sein Gestalt auf mancherlei golden / silberen Münz geschlagen zeigend / in dem Gemälde / Fahnen und Panieren führend. Es bekommt auch zu aller Zeit der erstgeboren Sohn des Königs von Frankreich den Namen Delphin / führt auch solchen zu einem Wappen.

Schon früh ist allerlei bekannt über das Verhalten des Delphins. So liebt er die Musik, besonders die der Wasserorgel (Plinius), und sein Bewegungsdrang läßt ihn selbst im Schlaf nicht ruhen (Plutarch). Außerdem gilt er zu Recht als geselliges Wesen, und hat er einmal nicht genug an der Gesellschaft seinesgleichen, dann sucht er die Menschen auf, um ihre Freundschaft zu gewinnen. Ohne Zahl sind die Berichte über Delphine, die aus freiem Antrieb im seichten Wasser der Meeresbuchten aller Ozeane mit Kindern spielen und tollen, die Knaben auf ihrem Rücken durchs Wasser tragen und wie ein Reitpferd dem Schenkeldruck gehorchen. Die Kinder der Griechen und der Maoris haben dies Spiel gleichermaßen gespielt.

Springend und schnellend begleiten die Delphine die Schiffe. Besonders bekannt geworden ist Pelorus-Jack, ein Rissos-Delphin, der zur Freude der Reisenden über 20 Jahre lang die Dampfer durch die Cook-Straße geleitete und zwischen Wellington und Nelson auf der Bugwelle ritt. Mark Twain hat ihn gesehen, und das Neuseeländische Kabinett hat allein zu seinem Schutz eine Kabinettsorder erlassen:

VERBOT, DEN RISSOS-DELPHIN IN DER COOK-STRASSE ZU FANGEN
                    GEZEICHNET: PLUNKET, GOUVERNEUR

Kabinettsorder
REGIERUNGSSITZ IN WELLINGTON, AM 26. SEPTEMBER 1904
        ANWESEND: SEINE EXZELLENZ DER
                      GOUVERNEUR DES KABINETTS

Da nach Paragraph 5 des Seefischereigesetzes von 1804 der Gouverneur des Kabinetts ermächtigt ist, Verfügungen von begrenzter Dauer mit allgemeiner Wirkung für die gesamte Kolonie oder Verfügungen mit Rechtswirkung in bestimmten näher bezeichneten Gewässern zu erlassen, die auf bestimmte Dauer jeglichen Fischfang verbieten und bei Nichtbeachtung Strafe nach sich ziehen –

Und da es erwünscht scheint, den Fang des als Rissos-Delphin (Grampus griseus) bekannten Fisches oder Säugetieres in der Cook-Straße und den angrenzenden Buchten, Sunden und Wasserarmen zu verbieten –

Erläßt Seine Exzellenz der Gouverneur der Kolonie Neuseeland, ermächtigt durch das obenerwähnte Gesetz sowie auf Rat und mit Zustimmung der Kabinettsexekutive besagter Kolonie, hiermit folgende Verfügungen:

VERFÜGUNGEN

1. Für den Zeitraum von 5 Jahren, gerechnet vom Tage dieser Veröffentlichung, ist es jedermann gesetzlich untersagt, den als Rissos-Delphin (Grampus griseus) bekannten Fisch bzw. das Säugetier in der Cook-Straße oder den angrenzenden Buchten, Sunden und Wasserarmen zu fangen.
2. Jede Person, die dieser Verfügung zuwiderhandelt, wird mit einer Strafe, die nicht weniger als 5 Pfund und nicht mehr als 100 Pfund beträgt, belegt.

(gezeichnet)
Alex. Willis
Sekretär der Kabinettsexekutive

Von der Jagd

Delphine helfen den Küstenfischern des Mittelmeers beim Fischfang. Plinius hat den Vorgang nach Erfahrungen an der Rhonemündung, damals bei Nîmes, beschrieben. Zur bestimmten Jahreszeit wandern riesige Schwärme von Seebarben aus der Rhonemündung ins Meer. Sobald die Fischer diese Schwärme herbeikommen sehen, eilen sie ans Ufer und rufen nach den Delphinen. Mit Feuereifer schwimmen diese in breiter Kette aus allen Richtungen herbei, der Küste entgegen, und bilden eine Front, vor der die Barben zurückfliehen. Die Fischer brauchen dann nur ihre Netze auszuwerfen und den Fang ins Boot zu schaufeln.

Diese Arbeitsteilung, die sich am Strand bei Nîmes so ausgezeichnet bewährt hat, wird auch an der Insel Euböa, in den Flüssen Amazonas und Irawadi und an den Küsten Australiens betrieben. Die Fischer des Mittelmeers rufen den Jagdhelfer herbei, die Brasilianer pfeifen ihm, und die Ureinwohner Australiens klatschen mit dem Speer aufs Wasser, wenn die Delphine zur Treibjagd kommen sollen:

„Kein von einem Jäger abgerichteter Hund gehorcht den Befehlen seines Herrn so widerspruchslos; es gibt auch keinen Diener, der die Aufträge seines

Herrn so willig ausführte, wie es der freundlich gesonnene Delphin des Knaben tat, ohne daß Joch oder Zügel dazu zwangen." (Oppian)

Die Griechen und Römer aßen das Fleisch der befreundeten Delphine nur in Notlagen. Gerät ein Tier versehentlich ins Netz, wird es befreit; räubert es das Netz leer, wird es gebrandmarkt und bei Rückfalltaten auch bestraft, aber nicht getötet:

„Wird ein Delphin gefangen und entdeckt, daß er dem Netz nicht entkommen kann, so findet er sich gelassen mit seinem Schicksal ab; er läßt nicht die geringste Besorgnis erkennen, sondern gibt sich voller Genuß der Mahlzeit hin, die das Netz ihm in so reicher Menge bietet. Sobald aber die Küste nahe kommt, zerbeißt er das Netz und ergreift die Flucht. Versäumt er diese Gelegenheit, so hat er, wurde er zum erstenmal gefangen, nichts zu befürchten. Die Fischer geben ihn frei, nachdem sie ihm Binsen an die Finne geheftet haben. Gerät er ein zweites Mal ins Netz und wird an diesem Zeichen erkannt, so wird er mit Schlägen bestraft. Dies geschieht jedoch nur selten; meist sind die Delphine dankbar dafür, daß man ihnen beim erstenmal verzieh, und bemühen sich, in Zukunft kein Unheil mehr anzurichten." (Oppian)

Mitleid und Erbarmen hat man mit einem gefangenen Delphin, wenn man aus Griechenland oder Rom stammt. Gesner überliefert dazu:

Gillius schreibt / daß die gefangenen Delphinen solch Heulen / Seufzen und Klagen erhebend / daß er / zu ein Zeit in einem Schiff über Nacht gelegen / das viel der Delphinen trug / von solchem Seufzen groß Mitleiden und Schmerzen empfangen habe / den Nächsten heimlich heraus geworfen habe / danach mit den Anderen aus Erbärm geweinet / die ganze Nacht in großem Trauern gelegen.

Die Barbaren aber aus der Türkei und aus Thrakien verspeisten ohne sentimentale Tierliebe das gesalzene Fleisch und den Tran des Meereskönigs, was Oppian mit den Worten kommentiert:

„Abscheulich ist es und wahrlich sündhaft, daß die Fischer nicht die geringste Bewegung bei ihrem Handwerk zeigen; ihre Herzen müssen von Stein sein." Die Nachfolger jener Barbaren aber breiten sich aus und sind noch lange am Werk. Mit verschmitztem Kaufmannsgeist wissen sie: „Ein dicker, rundlicher Hurratümmler wirft eine reichliche Gallone gutes Öl ab. Die feine, milde Flüssigkeit aber, die aus seinen Kiefern gewonnen wird, ist überaus wertvoll und bei Goldschmieden und Uhrmachern ein begehrter Artikel. Die Seeleute ölen ihren Schleifstein damit. Und im Vertrauen gesagt: Tümmlerfleisch ist ein Leckerbissen!" (Melville)

Rechts: Die Seeschlange des Ulisse Aldrovandi zeigt Ähnlichkeit mit dem Gemeinen Aal.

VON DEN SEESCHLANGEN

Jedes Jahr in den Monaten Juli bis September, wenn die Parlamente ihre Sommerpause nehmen und es nichts über neue Jahrhundertgesetze zu berichten gibt, taucht im Norden der Vereinigten Königreiche in einem Teil des Kaledonischen Kanals, genannt Loch Ness, ein Ungeheuer aus der Familie der Seeschlangen auf. Plötzlich wie der Dieb in der Nacht steigt es empor aus 230 m Tiefe und läßt sich flüchtig im Dunst der Oberfläche sehen, um für viele Wochen und Monate zu verschwinden und Naturwissenschaftlern und Geistersehern gleichermaßen ein Problem zu hinterlassen, das Problem nämlich, ob das Ungeheuer Nessie als Tier aus Fleisch und Blut existiert oder nicht. Vettern scheint Nessie im schottischen Loch Morar und in kanadischen Seen zu besitzen, und im fernen Kasachstan hat der ideologische Wettstreit die sowjetischen Biologen nicht ruhen lassen, bis auch in einem sozialistischen Gewässer ein Untier entdeckt wurde, das die kapitalistische Herausforderung von Loch Ness um einige Meter Körperlänge übertrifft. In Ost und West steht nunmehr eine angestrengte Suche nach Ungeheuern oder Seeschlangen an, ein uraltes Problem der Naturgeschichte geht – vielleicht – einer Klärung entgegen.

Von den großen Naturforschern und Berichterstattern des Altertums, Aristoteles und Plinius, wird die Seeschlange ebenso erwähnt wie in den Erzählungen aus 1001 Nacht und von den römischen Dichtern. Vergil graust es in seiner Äneis:

„Seht, vom Temedos her kommen durch die ruhige See (ich schaudere beim Erzählen) zwei Seeschlangen in enormen Windungen schwimmend daher, und zusammen wenden sie sich gegen den Strand: Ihre Brust, hochgehalten zwischen den Wellen, und ihre blutrote Mähne, getragen über den Wogen; der übrige Teil peitscht die See, und sie schlingen ihre riesigen Rücken in Windungen. Da erhebt sich ein Lärm, während der Ozean schäumt."

Andere Autoren erwähnen die Daten der Seeschlange: 30 Meter bis 1,5 Meilen soll sie lang sein, eine Mähne flattert auf dem Rücken, und rote Augen lodern im Natternhaupt, voll Begier, sich um eine Bark zu wickeln und die Insassen zu verspeisen.

Die klassische Beschreibung des Ungeheuers stammt vom leichtgläubigen Bischof Olaus Magnus, der 1555 das Tier folgendermaßen vorstellt:

„200 Fuß ist es lang, 20 Fuß dick. Seine Mähne ist lang und schwarz, die Augen flammen und Schuppen bedecken den Leib. Die Seeschlange bewegt

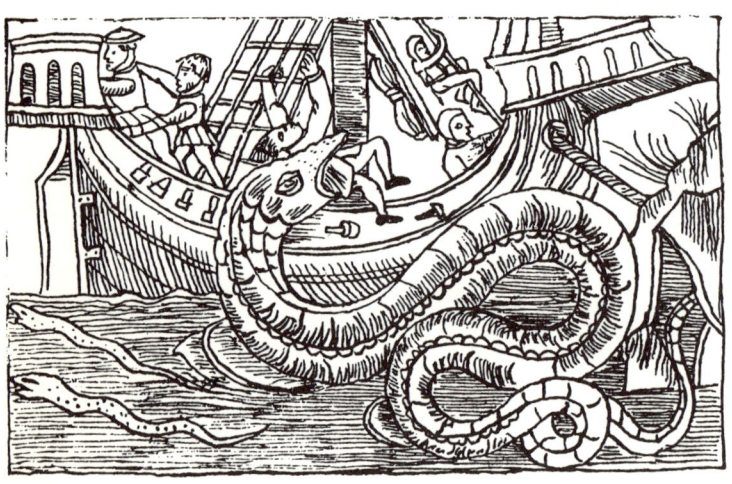

Die Seeschlange des Olaus Magnus in verschiedenen Darstellungen.

sich in auf- und abweisenden Windungen durch das Meer, ihr Haupt reckt sie gleich einem Pfeiler auf. Sie versetzt die Schiffer in Unruhe und Angst, greift mit nichtendendem Hals über die Reling, rafft die geängsteten Mannen vom Deck und verschlingt sie."

Ihre Schlupfwinkel sind Felsen und Höhlen am Meer, wie es sie zum Beispiel bei der Stadt Bergen gibt. Sie verläßt sie nur in hellen Sommernächten, frißt Kälber, Lämmer und Schweine, auf dem Meer auch Krebse und Polypen. Ihr Auftauchen bei den Menschen gilt als böses Vorzeichen: Bald stirbt der König, ein Prinz wird verbannt, der Bischof verfolgt, ein Krieg bricht aus.

Konrad Gesner unterscheidet in seinen Schriften mindestens zwei verschiedene Arten von Seeschlangen:

– die Ostsee-Seeschlange, ein gelbes, 30–40 Fuß langes Tier, das harmlos an der Meeresoberfläche bummelt und nur nach Provokation angriffswillig wird; ein Schrotschuß verletzt und vertreibt sie.

– die atlantische Seeschlange, 100–300 Fuß lang, taucht vor der Küste von Norwegen auf und greift grundlos an. Sie kann kleine Schiffe umschlingen und kentern lassen, und ihre Windungen können sich so hoch über dem Wasser wölben, daß ein Schiff sie wie einen Tunnel durchfahren kann.

Johann Ludwig Gottfriedt führt in seinem Werk „Newe Welt und Amerikanische Historie" (1655) eine Seeschlange der Indianischen Gewässer vor, die ungesittet und grausam Menschen verschlingt.

Eine Familie grauslicher Tiere also. Ihre Existenz ist durch viele Berichte von Ohren- und Augenzeugen belegt. Einer von diesen ist zum Beispiel der Bischof Pontoppidan, der es wie sein Amtskollege Olaus mehr mit dem Glauben als mit dem Schauen hält. Seine größte Seeschlange ist gute 600 Fuß lang, ihre Windungen gleichen einer scheinbar endlosen Kette von Fässern, die auf dem Wasser tanzen.

Ein anderer Mann des Glaubens, der Grönland-Missionar Hans Egede, schreibt in sein Reisetagebuch:

„Anno 1734, am 6. Juli, sahen wir ein schreckliches Ungeheuer, das sich so hoch aus der See hob, daß sein Kopf bis über unser Großsegel hinaus reichte. Es hatte eine lange, schwarze Schnauze und blies wie ein Wal; besaß breite flügelartige Flossen; der Leib schien mit Schuppen bedeckt, die Haut war uneben und runzlig; darüber hinaus war der hintere Teil geformt wie eine Schlange.

Als es wieder wegtauchte, warf es sich rückwärts und klatschte auf das Wasser, dreimal so lang wie das Schiff und fast so dick wie der Schiffsrumpf. Bei 64° nördlicher Breite fand diese Begegnung statt."

Hans Egede war nicht der letzte, der eine Seeschlange traf. Viele Zeugnisse sind überliefert, manchmal mit feierlichem Eid beschworen und notariell beglaubigt. Immer ist die Seeschlange sehr lang und dick; einmal hat sie den Kopf eines Reptils, ein anderes Mal den eines Pferdes. Über Feinde des Ungeheuers ist nicht viel bekannt geworden, allein der Zoologe Oudemans führt den Pottwal an. Berichte verschiedener Seefahrer haben ihn zu der folgenden (linken) Skizze angeregt:

Die Beobachter stimmten vollkommen darin überein, daß bei der Auseinandersetzung zwischen Seeschlange und Pottwal die Schlange der Angreifer war. Der kritische Professor kam am heimischen Schreibtisch jedoch zu anderen Schlüssen. Der senkrecht emporgereckte Hals und das aufgerissene Maul sprechen nach seiner Meinung nicht für die Angriffslust der Seeschlange, sondern zeigen vielmehr Schmerzen, die ihr der Pottwal zufügt. Der Wal, so schließt er, hat die Schlange unter Wasser in den Schwanz gebissen.

Um 1750 gilt die Existenz der Seeschlange als endgültig bewiesen. Pontoppidan schreibt:

„Die Seeschlange, Serpens marinus, ist das zweite wundersame und schreckliche Meeresungeheuer, das eigentlich von all denen studiert werden sollte, die mit Wonne die großen Taten Gottes ansehen ... Wäre es nicht eine weise und fürsorgliche Anordnung unseres Schöpfers, daß dieses Meerestier dauernd in den Tiefen der See lebt, getroffen zur Sicherheit des Menschen, dann wären weniger Beweise für die Existenz der Seeschlange nötig ... Wie alle Feinde der Leichtgläubigkeit, so zweifelte auch ich an der Existenz der Seeschlange, bis schließlich meine Zweifel durch unangreifbare Beweise zerstreut wurden. Unter den fähigsten Seefahrern und Fischern unseres Landes gibt es viele hundert, die die Existenz der Seeschlange als Augenzeugen bestätigen, und ihre Beschreibungen stimmen recht gut überein ... Und einige sogenannte Nordlandfahrer, die hier in Bergen jedes Jahr ihre Handelsinteressen vertreten, betrachten es gar als eine Schande, ernsthaft über den Gegenstand befragt zu werden. Sie finden diese Fragen so überflüssig wie die, ob es einen Kabeljau oder einen Aal gibt."

Was indes in der Naturgeschichte durch Meinungsumfrage gesichert auf dem Sockel steht, kann morgen gestürzt und eingeschmolzen werden. Textanalysen zeigten, daß einzelne Berichte und Skizzen von der wahren See-

Zweimal große Seeschlange (aus Oudemans): Links in „Illustrated London News", 1848 – Rechts nach Pontoppidan (Zeichnungen von Bing).

Das Seemonster, wie Herr C. Renard behauptet, es gesehen zu haben (aus Oudemans).

schlange aus reiner Freude am Possenspiel oder aus einem beklagenswerten Streben nach Gewinn dicht am Rande der Wahrheit angesiedelt wurden. So schildert ein Korrespondent der ,,Monde illustré" in einem offenen Brief an den Herausgeber ausführlich eine nächtliche Begegnung des Dampfers ,,The Don" mit einer Seeschlange: Am Mittwoch, dem 10.8.1881, um 22.15 Uhr erlaubte ein zehn Minuten dauernder Auftritt des Tiers im vollen Mondlicht eine genaue Beobachtung. Das Ungetüm erwies sich als eine echte Seeschlange à la Pontoppidan, versehen mit einigen besonderen Pointen: Der Kopf trägt einen Kamm und große weiße Zähne von enormer Schärfe. Die Zunge ist hart, glitzert wie Stahl und leuchtet wie Phosphor; die Augen schauen rund, glitzernd und unstet unter buschigen Brauen hervor.

Durchs Wasser windet sich das Tier mit drohender Lautlosigkeit, nur ein sanftes Kräuseln der Wellen verrät die Bewegung. Der Geruch, der von ihm ausgeht, erregt Übelkeit. Sieben Passagiere der ,,The Don" waren Augenzeugen der Begegnung und haben den Korrespondentenbericht durch Unterschrift bestätigt. Die Glaubwürdigkeit ihrer Zeugnisse erfährt eine gewisse Minderung dadurch, daß zwei der Unterzeichner chronische Journalisten waren und die anderen fünf sich in die Dschungel Südamerikas zurückgezogen hatten, als man sie nochmals befragen wollte. Der Herausgeber der ,,Monde illustré" fügte daher dem Korrespondentenbericht weise einen Nachsatz an: ,,Wir überlassen dem Autor dieses Briefes und der beigefügten Skizze alle Verantwortung einer Behauptung, die uns zumindest seltsam erscheint und deren Details wir unseren Lesern mit der gebotenen Reserve mitteilen."

Wir haben nur anzumerken, daß diese Seeschlange – genau wie Nessie – im August die Schlagzeilen füllte und keinen weiteren Schaden anrichtete, als den, die Auflage der „Monde illustré" zu steigern.

1845 stellte der Fossilienexperte und -sammler Dr. A. C. Koch das riesige Skelett einer ausgestorbenen Seeschlange mit dem Namen Hydrarchos Sillimanii am Broadway aus, anschließend zog er damit durch die Hauptstädte Europas. Das Gebein bestand aus Kopf und Wirbelsäule, ein paar im Brustkorbbereich angewachsenen Rippen und Teilen paddelartiger Füße.

Je nach der Größe des Ausstellungsraumes war das Skelett 24 bis 30 Meter lang. Eine genaue Untersuchung durch einen echten Professor förderte zutage, daß die vorgeführten Knochen zwar fossilen Ursprungs waren, niemals aber einem einzigen Individuum gehört haben konnten. Die Zähne etwa waren nicht einem Reptil, sondern einem warmblütigen Säuger entnommen. Koch erwies sich damit eher als Konstrukteur denn als Entdecker der ausgestorbenen Seeschlange. Mit sicherem Blick für Unwissenheit und Leichtgläubigkeit der Menge hatte er Knochen verschiedener Exemplare des Basilosaurus aufgeschnürt und in schlangenartigen Windungen aufgestellt. Dieses Arrangement nutzte er mit großem Erfolg beim Schröpfen der Hauptstadtbewohner.

Unabhängig zu ähnlichen ökonomischen Schlußfolgerungen kamen vierzehn Fischer der kleinen Ortschaft Cullercoats bei Newcastle, als sie 1849 ein ihnen unbekanntes Tier, „die wundervollste Ausgeburt der Tiefe", ländeten. Sie entschieden, daß das Tier aufregend genug sei, bezahlte Neugier zu erregen –

Die „variable" Seeschlange des Herrn Koch (aus Oudemans).

Damen und Herren 6 Pence, Arbeiter 3 Pence –, und kündeten ohne zoologische Skrupel an: „Die große Seeschlange endlich gefangen". Ein herbeigeeilter Zeitungsmann, der das tote Tier und seine Auswirkungen auf die vierzehn Fischer sorgfältig studiert hatte, schrieb mit wohlbedachter Unparteilichkeit: „Was immer das für ein Tier sein mag, es fügt den vielen Beweisen einen weiteren hinzu, daß in der Tat mehr Dinge zwischen Himmel und Erde anzutreffen sind, als die allererfahrensten praktischen Beobachter sich träumen lassen."

Eine andere Seeschlange nach dem Zeugnis der Kapitäne Tremearne und Morgan (aus Oudemans).

Das Motiv für andere Zeugnisse von der Seeschlange ist weniger in kommerziellen Absichten zu suchen. Vielmehr sind hier die Zeugen Opfer einer Illusion geworden. Sie berichten gutgläubig von gewaltigen Schlangen, die ihrem Schiff folgten, und sahen – so zeigt die Untersuchung ihrer Schilderungen – in Wirklichkeit einen großen Wal, einen See-Elefanten, eine badende Boa, eine der bis zu vier Meter langen tropischen Wasserschlangen, eine Muräne, eine Reihe schwimmender Delphine oder einen riesigen Kalmar, der mit ausgestreckten Fangarmen dicht an der Meeresoberfläche entlanggleitet und sich gelegentlich mit einem Fangarm einen Mann aus dem Boot angelt.

Die Seeschlange: eine Reihe hintereinander schwimmender Delphine? (aus Oudemans).

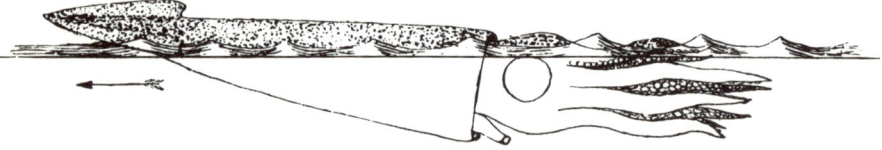

Ein Riesenkalmar schwimmt an der Oberfläche (aus Oudemans).

Hier ein weiteres Beispiel:
Im September 1808 wurde in einem heftigen Sturm ein unbekannter „Fisch" an den Strand der Insel Stronsay (Orkney) gespült. Trotz des hefti-

gen Unwetters begab sich der Zimmermann Thomas Fotheringham an den Strand und vermaß das Tier mit seinem Zollstock. 55 Fuß lang war es, und sein Umfang an der dicksten Stelle glich dem eines Orkney-Ponys. Der Kopf war anzusehen wie der Kopf eines Seehundes, an jeder Seite trug das Tier drei große Flossen oder „Flügel", geformt wie Klauen. Sein Körper war vom Sturm und vom Seegang bereits angeschlagen und zerbrach im Laufe mehrerer Tage zunehmend unter der Gewalt der Wellen.

Als der Sturm abflaute, sprach sich die Nachricht von dem seltsamen „Fisch" bis auf die Nachbarinseln herum, und der junge Mr. Laird aus Kirkwall wurde losgeschickt, soviel wie möglich über das Tier in Erfahrung zu bringen. Als er auf Stronsay ankam, war der Kadaver bereits zerfallen. Laird tat das Naheliegende und begab sich ins Wirtshaus. Dort befragte er die anwesenden Bürger Stronsays über das Ereignis und mühte sich in Gegenwart der Zeugen-Augen, mit Kreide eine Zeichnung auf die Tischplatte zu bringen. Die rohe Skizze, die schließlich die Zustimmung aller fand, wurde auf Papier

Das Tier von Stronsay (aus Oudemans).

übertragen und als Abbild des angespülten Ungeheuers zusammen mit dem unterschriebenen Zeugnis des Zimmermanns nach England geschickt.

Laird, der weder irgendeine Ausbildung in der Zeichenkunst erfahren hatte noch in der Naturgeschichte geschult war, scheint im Kreise der Orkney-Bewohner, von allgemeiner Erregung beflügelt und whiskybeschwingt, mehr gezeichnet zu haben, als zuvor gesehen wurde; denn alle Debatten der Wissenschaftler über seine Zeichnung und den Bericht des Zimmermanns führten zu dem Schluß, daß das Wirtshaus-Tier von Stronsay ein stark verdorbener Haikadaver war.

Aber nicht alle Berichte über Seeschlangen lassen sich als Dokumente der Zwecktäuschung und Illusion abtun. Immerhin wurden zwischen 1522 und 1892 mehr als 160 Zeugnisse vom Auftauchen riesiger Schlangen veröffentlicht, und sie umschließen einen Rest unberechenbarer Wahrscheinlichkeit, daß es in den tiefsten Tiefen ein solches Tier gibt; ein unklassifiziertes, riesiges Tier, das die Ozeane bewohnt; vielleicht ein überkommenes Geschöpf der Saurierzeit, ein entfernter Verwandter von Ichthyosaurus und Plesiosaurus, das alle Stammesgenossen überlebt hat, eben weil es sich vor den Gegenspielern aus dem Lager der erfolgreichen Säuger so glücklich verbergen konnte. In dieser Verwandtschaft aus der Kreidezeit finden sich plump-schlangenhafte Gestalten mit Paddeln und ungeheurer Körpergröße.

Rekonstruktion einer Seeschlange von 12 m Länge nach paläontologischen Funden in Belgien (Dacqué).

Der Schriftsteller Ray Bradbury (*1920) ist in seiner Geschichte „Das Nebelhorn" zur gleichen Folgerung gekommen, wenn er den absonderlichen langen Abend zweier einsamer Leuchtturmwärter im Novembernebel schildert:

„Das Nebelhorn blies stetig, alle fünfzehn Sekunden einmal. ‚Klingt wie ein Tier, nicht? Ein großes, einsames Tier, das in der Nacht klagt; das hier am Saum der zehn Milliarden Jahre sitzt und hinaus in die Tiefe ruft: Ich bin hier, ich bin hier!'"

Dieser Schrei des Nebelhorns wird beantwortet:

„Irgend etwas schwamm auf den Leuchtturm zu. Man konnte nicht weit sehen und man konnte nicht deutlich sehen, aber dort, weit draußen zuerst, war ein Kräuseln des Wassers, eine Welle folgte, ein Aufquellen, ein Sprudeln, eine Flocke Schaum. Und dann kam aus der Oberfläche der kalten See ein Kopf, ein großer Kopf, dunkelfarben mit ungeheuren Augen, und dann ein Hals. Und dann nicht ein Körper, sondern mehr Hals und noch mehr Hals!

Der Kopf hob sich ganze vierzig Fuß über das Wasser, auf einem schlanken und schönen schwarzen Hals. Erst dann stieg der Körper wie eine kleine Insel aus schwarzer Koralle und Muscheln und Krebsen aus dem Unterirdischen empor. Schließlich gab es noch ein Flattern des Schwanzes. Alles in allem, vom Kopf bis zur Schwanzspitze schätzte ich das Monstrum auf neunzig oder hundert Fuß ... Es schwamm langsam und mit dunkler Majestät draußen in den eisigen Wellen, weit weg. Der Nebel kam und deckte es vorübergehend und löste seine Gestalt auf. Ein Auge des Untiers fing, hielt und reflektierte unsere ungeheuren Lichtblitze rot-weiß, rot, weiß, wie eine Scheibe, die hochgehalten wird und eine Botschaft in uranfänglichem Kode übermittelt.

,Das ist eine Art Dinosaurier!' Ich beugte mich vor und hielt mich am Treppengeländer fest. ,Ja, einer aus dem alten Stamm.' – ,Aber sie sind ausgestorben!' – ,Nein, nur versteckt haben sie sich in den Tiefen. Tief, tief unten, in den tiefsten Tiefen.' – ,Das ist unmöglich', sagte ich. – ,Nein, Johnny, *wir* sind unmöglich. *Das* da ist immer noch, wie es vor zehn Millionen Jahren war. *Es* hat sich nicht verändert. *Wir* sind es und das Land, die sich verändert haben, die unmöglich geworden sind. *Wir*.'"

Eine endgültige Entscheidung darüber, ob ein Überlebender der Kreidezeit sich in Meeren und Lochs noch verbirgt, wird vom unentschiedenen Verstand mit Spannung erwartet. A. C. Oudemans, Direktor der Kgl. Zoologischen und Botanischen Gesellschaft in Den Haag, forderte 1892 Laien auf, an der Klärung der Frage nach der Seeschlange mitzuwirken. Seine Worte sind heute so gültig wie damals:

„Seereisende und Weltenbummler, die mit der Photographie vertraut sind, werden gebeten, unverzüglich das Bild des Tiers festzuhalten: Dies allein wird die Zoologen überzeugen, während man alle Berichte und Skizzen mit einem Achselzucken aufnehmen wird.

Da diese Tiere sehr scheu sind, ist es nicht ratsam, sich ihnen mit einem Dampfboot zu nähern. Die einzigen Mittel, eines auf der Stelle zu töten, sind Explosivgeschosse oder Harpunen, die mit Nitroglycerin geladen sind; aber da das Tier – wie die meisten Pinnipedier (Flossenfüßer) – sehr wahrscheinlich absinken wird, sobald es tot ist, dürfte das Harpunieren die erfolgreichere Methode sein.

Wenn ein Individuum getötet ist, nehmen Sie folgende Messungen vor:
1. Länge des Kopfes von der Nasenspitze zum Hinterkopf;
2. Länge des Nackens vom Hinterkopf bis zu den Schultern;
3. Länge des Rumpfes von den Schultern bis zur Schwanzwurzel;
4. Länge des Schwanzes von der Wurzel bis zum Ende;
5. Entfernung zwischen den Schultern und Vorderflossen;
6. Entfernung von den Schultern bis zum dicksten Teil des Körpers;
7. Länge einer Vorderflosse;

8. Länge einer Hinterflosse;
9. Kopfumfang;
10. Kragenweite;
11. Umfang des dicksten Rumpfabschnitts;
12. Umfang der Schwanzwurzel.

Geben Sie eine Beschreibung des Tieres, und zwar eine besonders genaue von Kopf, Vorder- und Hinterflossen, und machen Sie, wenn möglich, eine Skizze.

Wenn es eben zu machen ist, bewahren Sie das ganze Skelett auf und den ganzen Balg; ist dies völlig undurchführbar, halten Sie den geputzten Schädel, die Knochen einer Vorder- und Hinterflosse, 4 oder 5 Wirbel aus verschiedenen Abschnitten des Rückgrats, des Nackens und des Schwanzes; heben Sie die Kopfhaut auf und ein etwa 1 Fuß breites Hautband, das an Hals, Rumpf und Schwanz entlang abgeschält wurde."

Von einer anderen grausamen Wasserschlange

Ebenfalls in den Wassern lebt die Siebenköpfige Schlange (Hydra monstrosa). Sie ist viel kleiner als die gewaltige Seeschlange, aber sieben Köpfe lenken ihr Tun, sieben Augenpaare spähen nach Beute, und sieben hungrige Mäuler packen und schlingen. Das teure Tier, schreibt Gesner,

soll aus der Türkei gen Venedig bracht worden sein / und da öffentlich gezeigt im 1530. Und nachmalen dem König aus Frankreich zugeschickt / und auf die sechs tausend Dukaten geschätzt. Aber es dünkt die Verständigen der Natur / kein natürlicher / sondern ein erdichtet Körper zu sein

und bildet die Schlange gleich ab.

Eine andere Abbildung bei Aldrovandi zeigt eine siebenköpfige Schlange, die zum Landleben gefunden hat oder doch zu einer Existenz in den Sümpfen, genau wie die Lernäische Schlange, die Herakles in mühsamer Serienarbeit köpfte.

Mehrere Häupter trägt auch der Leopard, der nach Angaben des Propheten Daniel, begleitet von anderen schrecklichen Tieren, aus ungestümem Meer ans Land kroch. Seine Herkunft zeichnet ihn als ein Meerestier, der Körperbau ordnet ihn dem Land oder der Luft zu.

VON DEM SEEPFERD

Ein Mitglied der Ersatz-Tierwelt ist das Seepferd. Es durchstreift die Weiten der Ozeane, und man trifft es vor allem in den Zonen der Windstille, wo einst auf den spanischen Karavellen anhaltender Wassermangel die Caballeros zwang, ihre Rösser über Bord zu werfen. Ruhelos verfolgen die Tiere seitdem in Gischt, Nebel und Wolken den Seefahrer. Roßbreiten oder „horse latitudes" heißt dieser Teil der subtropischen Meere, aus dem auch Gesners grundlegende Beschreibung des Seepferdes stammt.

Wesentlich Genaueres über die Seepferde wußte man bereits lange vor der Conquista an den arabischen und persischen Küsten. Der Kosmograph Al Kaswini beschreibt sie im 13. Jahrhundert etwa mit folgenden Worten: Das Seepferd ist dem Landpferd recht ähnlich, aber Mähne und Schweif sind länger, sein Fell ist leuchtender, sein Huf gespalten. Es steht etwas niedriger als das Landpferd und etwas höher als der Esel.

Das Seepferd (Gesner)

Diese orientalischen Seepferde sind amphibische Wesen. Sie begeben sich aufs Festland, wenn es sie nach der Stute drängt, und dort laufen sie wie die anderen Pferde. Wang Tai, chinesischer Reisender, erzählt, daß sie sich bei einem solchen Ausflug an Land gelegentlich fangen lassen. Unter der Hand der Menschen erweist sich ein Seepferd als ausdauernder Läufer, der viele Meilen zurücklegen kann. Solange man es vom Anblick großer Wasserflächen fernhält, ist es ein williges Tier. Erblickt es das Meer, eilt es in sein heimatliches Element zurück.

Der Drang des Seehengstes nach der landlebenden Stute wird von listigen Pferdezüchtern zur Verbesserung der Stammtafeln benutzt. Sindbad der Seefahrer weiß davon zu berichten. Im Verlauf einer Handelsreise wird er schiffbrüchig auf eine entlegene Insel im Indischen Ozean verschlagen und trifft dort den Stallmeister des Königs Mihrdschân, der ihm erklärt:

„In jedem Monat bringen wir, wenn der Neumond aufgeht, die edlen Stuten hierher, die noch nicht gedeckt sind, und binden sie auf dieser Insel fest. Dann verstecken wir uns in einer solchen Halle unter der Erde, damit keiner uns sieht. Darauf kommt ein Seehengst, wenn er die Stute wittert, und steigt ans Land. Er wendet sich nach allen Seiten um, und wenn er niemanden sieht, so springt er auf und stillt sein Begehr an der Stute. Nachdem er wieder abgesprungen ist, will er jene mit sich nehmen, aber die Stute kann nicht mitgehen, weil sie ja angebunden ist. Dann fängt der Hengst an zu schreien und stößt mit dem Kopfe und schlägt mit den Hufen wider die Stute und wiehert immerzu. Wenn wir den Lärm hören, so wissen wir, daß er abgesprungen ist, und wir eilen ihm mit lautem Geschrei entgegen; der Hengst fürchtet sich dann vor uns und steigt wieder ins Meer hinab. Die Stute aber wird trächtig und bringt ein Hengstfohlen oder ein Stutfohlen zur Welt, das einen Schatz Goldes wert ist und auf Erden nicht seinesgleichen hat."

Ein dunkelbraunes, schwarzgeflecktes, riesiges Seepferd wurde 1883 vor der Küste Panamas gesehen. Mit dem Hippocampus oder Seepferdchen der modernen Zoologie hat es allerdings nichts gemein, und gerechterweise muß auch gesagt werden, daß Gesners Abbildung des Tieres bereits die Überschrift trägt: „Von einem erdichten Meerpferdt".

VON DEM MEERKALB

Hat der Landmann sein Rind, so kennt der Seemann das Meerkalb, von dem es verschiedene Arten gibt, mit Muskeln bepackt und manchmal mit starken Eckzähnen. Friedfertig und neugierig umspielt es die Schiffe; gereizt, wird es angriffslustig wie ein andalusischer Stier und wirft Boote um.

Das Meerkalb kann sein feuchtes Element verlassen und sich unbeholfen auf dem Lande bewegen. Hier schläft es wie betäubt und wird dann leicht gefangen. Albertus Magnus schildert die Jagdmethode:

„Die Fischer nähern sich dann dem schlafenden Tier, lösen ihm am Schwanz das Fell vom Speck ab, stecken ein Seil durch, binden dieses an einen Felsblock und werfen nun mit Steinen nach dem Tier. Wenn es flüchten will, zieht es sich das Fell über Schwanz und Kopf, läßt es liegen und stürzt ins Meer, wo es jedoch bald schwach und hilflos gefunden wird."

Ist so das Tier unüberlegt aus der Haut gefahren, wird diese rasch zu Markte getragen:

De Aquatilibus.

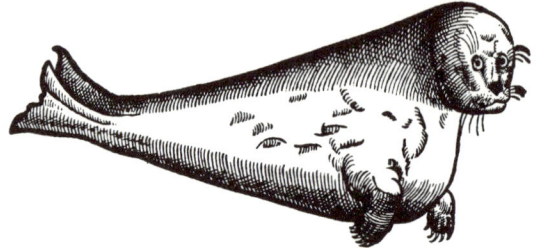

COROLLARIVM.

Ziphij ceti phocam deglutientis imaginem ex tabu= la Olai magni, posui suprà ab initio pag. 249.

Effigiem hanc Vituli mar. ex Oceano ab amico olim accepi.

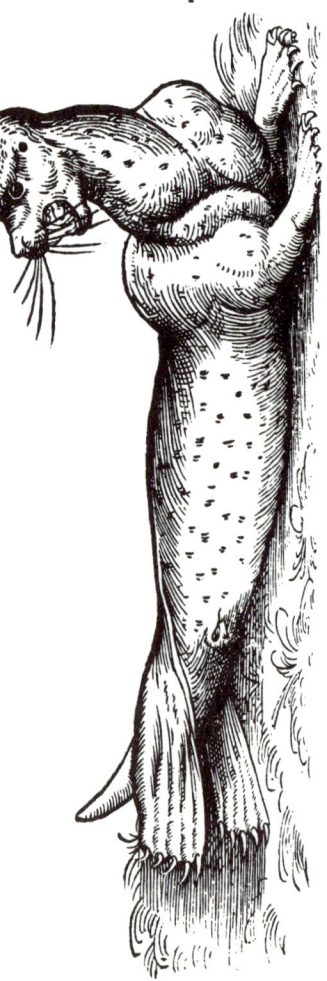

Rin@.

PHOCA cetus est, etiamsi ossa cartilagino sa, molliora cæteris cetis habeat. εινάλιον κῆτος phocam significat (Homero, ni fallor,) nō quoduis cetaceum animal, Varinus. Oppianus etiam εινάλιον θῆρα dixit, id est feram marinam: & κῆτσον μόθον, pugnam hominū contra phocas. ¶ Vituli marini, quos uocant phocas, Plinius. Idem aliquando simpliciter uitulos nominat, cum de marinis sermonem esse ex argumento uel adiunctis cōstat. Ipsis in somno (Vuottonus legit sono, nisi librarij peruerterint) mugitus, unde nomen uituli. Et alibi: In Pontū nulla intrat bestia piscibus malefica, præter uitulos et paruos delphinos. quod ex Aristotele sumptum est, cuius hęc sunt uerba: Οὐδέν δὴ ἐν τῷ Πόντῳ θηρίον ἐςὶν ἀλλ᾽ἢν καὶ φωκαίνας. Plinius pro φωκαίνης legit φώκης. Non uerò mugitu solùm, sed & maxilla superiore, et naribus uitulum terrestrem refert, quod Rondeletius obseruauit. Vitulo terrestri, si aures excipias, ualde similis est, Idem. Pierius Valerianus à specie tergoris boum instar uillosi, uituli nomen inditum putat. ¶ Bocas genus piscis à boando, id est uocem emittendo appellatur, Festus. Hermolaus hunc esse suspicatur piscem, qui box à Græcis appellatur, sed eum uocalem esse nemo tradidit. qua re phocam potiùs intellexerim hoc nomine, quæ boat mugitq̃: etiamsi piscis ea non est, sed cetus. Box quidem Græcè dictus à Theodoro Voca conuertitur. ¶ Phocæ sunt marini boues, Seruius, Isidorus, & Scriptor de nat, rerum. Massilienses uulgò Boues marinos appellant, Gillius. Author de naturis rerum, alibi etiam Vaccam marinam uocat. Cæterùm de Boue marino plani & cartilaginei generis, alijsq̃ diuersis huius nominis animalibus, suprà in B. elemento scripsi. ¶ Albertus phocam, etiam lupum marinū nuncupat: et alibi canem marinum: quoniam Germani similiter appellāt, ut dicemus. Quanquam autem dentibus ac maxilla superiore lupum refert, authore Rondeletio, & rapax uoraxq̃ est lupi terrestris more: unde & Hispani lupum marinum uocitāt: mihi ta

Vitulus.

Bocas.

Bos marinus.

Lupus mar.
Canis mar.

*Links:
Eine Seite aus der Züricher Ausgabe (1551) der „Historiae animalium" von Konrad Gesner. Der gezeigte Text diskutiert lediglich die Benennung des Tieres, wogegen die deutsche Übersetzung kurzerhand aus dem Seehund ein Meerkalb macht.*

Das ausgewachsene Meerkalb (Gesner)

„Aus seinem Fell verfertigt man Riemen, die auf dem Markt beständig zu kaufen sind", weiß der Kölner Albertus, und beim Bau des Kölner Doms wurden reichlich echt meerkalblederne Riemen verwendet.

Andere Gewebe des Meerkalbs nutzt die alte Medizin. Der Speck heilt den bösen Grind, vertreibt Geschwulste und verhilft der unbeliebten Glatze wieder zu Haar. Blut und Innereien beruhigen den Tobsüchtigen, eine Flosse des schlafliebenden Tiers unterm Kopfkissen spendet langen, tiefen Schlaf.

VON DEM MEERLÖW

Dieses Tier ist zur Zeit des Pontifikates von Papst Paulus III. (1534–1549) und später noch einmal im Meer gefangen worden. Beim Anblick des Heiligen Vaters heulte es wie ein Mensch, so wird berichtet. Sein Bild ist hier zu sehen; nichts an seinen Gliedern deutet auf ein Meerestier hin.

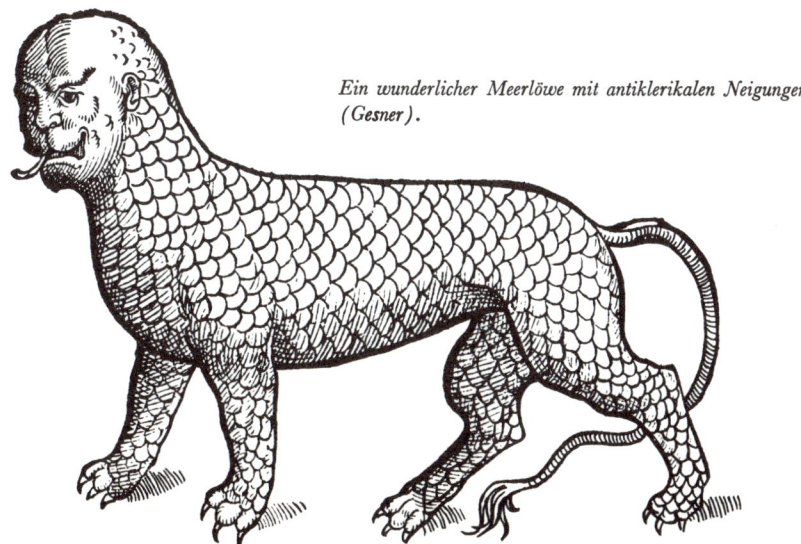

Ein wunderlicher Meerlöwe mit antiklerikalen Neigungen (Gesner).

Diese Schautafel faßt die für den Seefahrer wichtigen zoologischen Gefahren zusammen.

VON EINER ANDEREN GESTALT EINES SCHEUSSLICHEN MEERTIERES

Ein Tier ohne Namen (Bild S. 85 oben) wurde von Hieronymus Cardanus (1501–1576) bei Mailand in einem Haufen Steine gefunden und an Gesner geschickt. Dieser schreibt dazu:

Die Gestalt aber des Schwantzes gibt zu / daß es ein Waſſertier ſeie / wiewohl es ſich mit dem Kopf / und den Fingern ſo es an den Füßen erzeigt / etlichermaßen dem Affen vergleicht.

VON DEM RUSOR (WALROSS)

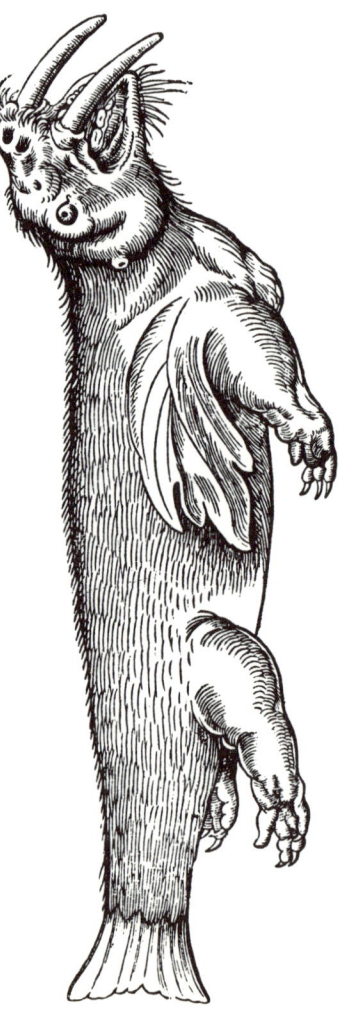

Sölch thier iſt auch hievor von Alberto beſchriben worden/ vnd vnder die Wallfiſch gezelt: wirdt von etlichen anderen Meerhelfant genennt.

Wo diß thier zů finden.

Es iſt die ſag / daß diſer Wallfiſch ſich mit ſeinen zänen an die velſen hencke: werde von den Teütſchē deß hochē meers Roſtinger genēnt/ in dem end deß Moſcowiter lands/ oder in dem Scytiſchē Vngerland/ nit weyt võ dem vrſprung Tanais/ wirt er Morß genennet/ zů Teütſch Ruſor/ von dem ruſchen/ oder getüſch/ iſt nit der Rußwall hie oben genennt.

Es ſchreybt Mathias von Michou/ das in den glenden Juhra/ vñ Lorela/ ſo land ſind in Scythia gelägen/ weyt gegē Mittnacht / ſyend etlich berg / oder büchel/ welche ſich ſtreckend durch das gantz geſtad/ ſo am meer ligt / auff ſölche ſteygind auß dem meer fiſch / Morß genañt/ welche ſich an die berg henckind/ mit hilff jrer zänen die berg erſteygind/ von dannen ſy ſich wider hinab ſtürtzind / vnnd zů tod fallind. Sölcher fiſchenzän / welche groß/ weyß / ſchön vnd ſchwär werdind von den eynwoneren geſůcht/ behalten / vnnd den Moſcowiteren verkaufft.

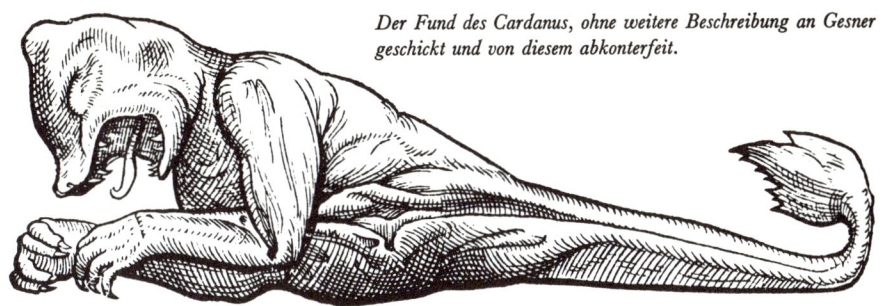

Der Fund des Cardanus, ohne weitere Beschreibung an Gesner geschickt und von diesem abkonterfeit.

VON DEM MEERMENSCHEN (HOMO MARINUS)

Der Meermensch lebt – im Gegensatz zum Seemann – nicht auf Schiffen, sondern im Meer. Er hat im Wasser ein vollständiges Ebenbild der menschlichen Gesellschaft geschaffen und wird von Schiff und Strand aus immer wieder erblickt:

Bei den Alten liest man viel von den Meerwunderen / Meermenschen und dergleichen ähnlichen Gestalten geschrieben / so habend sich auch in kurtzer verlaufnen Jahren solche Gestalten und Tieren etliche an vielen Orten / so am Meer gelegen / gezeigt / welches Ursach gibt / daß der alten Historien und Schriften nit gäntzlich erdichtet Fabeln zu sein scheinend.

VON DEM MEERFRÄULEIN

Schon die Dichter des Altertums haben die Existenz der Meerfräulein, Meermaiden und Sirenen vielfach bezeugt. Die frühe Beschreibung durch Theodorus Gaza (1398–1476) erwähnt bereits alle wichtigen Züge: das menschliche Antlitz, die verführerische Schönheit des mädchenhaften Körpers, die langen, schmalen Flanken, die in einen Fisch- oder Krebsschwanz enden, die Fähigkeit zu weinen:

Es schreibt Theodorus Gaza / daß ein solch Meerfräule gesehen sein worden in Peloponeso / von Ungestüme des Meers an das Gestad heraus geworfen / noch lebend und atmend / mit dem Angesicht gantz ähnlich einem Menschen / gantz schön / sein Leib rauh von Schuppen bis auf die Scham / der übrig Teil soll sich geendet haben in ein Schwantz gleich einem Krebsschwantz. Als nun ein mächtiger Zulauf geschehen von menglichem solch Wunder zu sehen / und sie gantz mit viele des Volks umgeben / habe sie gantz betrübt / und traurig / große Seufzen gelassen / gantz von Leid erschlagen / als man aus dem Angesicht wohl erkennen mocht / letztlich auch mächtig geweinet und geheulet haben. Als nun aus Erbärm der Viele der Leuten zu weichen gebeten / und gegen dem Meer Platz zu machen /

Ein Meerfräulein, Ursache für so manchen Gelehrtenstreit früherer Tage (Gesner).

soll solch Meerfräule durch Hilf der Arme und des Schwantzes / nach ihrem Vermögen dem Meer zu gekrochen sein / sich darein geworfen mit großer Ungestüme in die Weite und Tiefe zu schwimmen angehebt haben: nachher nimmer mehr gesehen sein worden.

Solche Meerfräulein sind auch von etlichen anderen glaubwürdigen Leuten gesehen worden:

1403 wurde ein Meerfräulein vor der Küste von Holland gefischt, bald danach eines im Bergen-Fjord. Vor der Bretagne wurden sie ebenfalls wiederholt gesehen, dort mit weißem Haar und roten Augen, zwei Fuß lang und mit einer lieblichen Stimme begabt. Ihr natürlicher Lebensraum ist das Meer, aber der amphibische Körperbau erlaubt der Meermaid auch ein Leben zu Lande, und so konnten ihre Eigenschaften und Fähigkeiten in der Gefangenschaft ausführlich studiert werden. Der Däne Busseus fing eine Meermaid im Netz, holte sie an Bord und stellte fest, daß sie dänisch sprach. Ein an den Hof des Königs Hjorleif überstelltes Exemplar war in der Lage, auf Aufforderung hin zu singen, wenn auch wenig melodisch. In Holland lebte mehrere Jahre lang bis zu seinem Tode ein Meerfräulein, das sich durch einen Deichriß ins Land verirrt hatte. Niemand verstand sie, aber man lehrte sie die Kunst des Spinnens, und sie verehrte das Kreuz.

Es soll auch in die Stadt Edam ein solch Meerweib / aus grosser Ungestüme des Meeres gefangen / gebracht sein worden / soll stumm / gantz geil gewesen sein / ein Zeit lang bei anderen Weibern gewohnet / und weibliche Werk getan haben.

Allgemein wurde festgestellt, daß Meerfräulein häufig in Liebe zu den Söhnen vom Lande entbrennen und ihr Spiel mit ihnen treiben. Wem sie ihre Gunst erweisen, dem bringen sie Glück; wer sie verschmäht, dem ergeht es übel.

Für die Philosophen der Ethik schaffte die Meermaid ein diskussionswürdiges Problem: Lebt sie im Wasser, so ist sie keine Menschenfrau; da sie spinnt, kann sie kein Fisch sein. Was also ist sie? Mensch oder Tier? Die Klärung dieser Frage war notwendig, denn um 1700 wurde bekannt, daß die Neger Angolas Meermaiden schlachten und essen. War das Kannibalismus oder nicht? In einer schier endlosen Debatte wurde das Problem nicht gelöst.

Die Frage nach den Menschenrechten der Meermaid wurde während des Zweiten Weltkrieges von der US-Armee in Italien endgültig beantwortet. Curzio Malaparte berichtet darüber in seinem Roman „Die Haut", und wir fassen zusammen: Nach der Befreiung Neapels war im Golf vor der Stadt aus militärischen Gründen der Fischfang streng verboten. In der ganzen Stadt war es unmöglich, einen Fisch aufzutreiben, keine Sardelle, keinen Hummer, keine Barbe, keinen Octopus, keine Muschel, nichts. Die Neapolitaner leckten sich die Lippen nach Fisch wie eine Katze in der Wüste, und den Befreiern selbst, die das Verbot erlassen hatten, ging es nicht besser. Wenn ein berühmter Gast, der die Truppen besichtigen wollte, ein Fischgericht verlangte, dann mußte sich die Armee etwas einfallen lassen. Der Ausweg lag nahe: Das berühmte Meeresaquarium von Neapel enthielt Fische in hervorragender Frische und von seltener Art und Herkunft: den Riesenpolypen, den Kaiser Wilhelm II. dem Aquarium geschenkt hatte; die Drachenfische, eine Gabe Kaiser Hirohitos; den Schwertfisch Mussolinis; die Hummer Georgs V.; die perlenbildenden Austern des Vizekönigs von Äthiopien. Diese seltenen Meerestiere waren gerade das Richtige für Eisenhower und andere prominente Besucher.

Aber eines Tages waren alle Fische des Aquariums verspeist; lediglich ein einziges Exemplar der aussterbenden Gattung der Sirenoiden war übriggeblieben. Als für eine Gruppe hoher Offiziere und die Vorsitzende des Frauenclubs aus Boston ein festliches Essen im „Renaissance"-Stil veranstaltet werden sollte, mußte die Armee auf diesen letzten Bewohner des Aquariums zurückgreifen. Der italienische Haushofmeister hatte dem gastgebenden General versichert, es handle sich um einen ausgezeichneten Fisch, leicht verdaulich, der – zum Renaissance-Mahl besonders passend – nach dem Braten gereicht werden könne. Er hatte dann auf die Menü-Karte geschrieben: Sirene in Mayonnaise, garniert mit Korallen.

Die Köche sotten das Tier, garnierten es mit Lattich und Korallen, und livrierte Diener trugen es mit feierlichem Ernst auf einer silbernen Platte auf. Die erwartungsvollen Gäste packte das bleiche Entsetzen: „Ein Mädchen, etwas, was einem jungen Mädchen ähnlich sah, lag auf dem Rücken in der Mitte der Silberplatte ausgestreckt, auf einem Bett aus grünen Lattichblättern, innerhalb einer großen Girlande aus rosenroten Korallenzweigen. Ihre Augen waren geöffnet, der Mund halb geschlossen; sie schaute mit einem verwunderten Blick auf den ‚Triumph der Venus‘, den Luca Giordano an die Decke gemalt hatte. Sie war nackt, aber die dunkel glänzende Haut, von derselben violetten Farbe wie Mrs. Flats (die Vorsitzende des Frauenclubs aus Boston) Kleid, modellierte ihre noch herben, aber schon harmonischen Formen, die weiche Rundung der Hüften, die leichte Erhebung des Bauches, die kleinen jungfräulichen Brüste, die breiten vollen Schultern ... Die langen, schmalen Flanken endeten, genau wie Ovid es beschrieb ‚in piscem‘, in einem Fischschwanz. So lag dieses Mädchen auf seiner silbernen Bahre und schien zu schlafen. Aber durch ein unverzeihliches Versehen des Koches schlief sie, wie die Toten schlafen, denen niemand in mitleidvoller Sorge die Augenlider geschlossen hat: Sie schlief mit offenen Augen."

Es war das erste Mal, daß die Offiziere und die Vorsitzende des Frauenclubs aus Boston ein garniertes und gesottenes Mädchen sahen, und „es lohnte sich", schreibt ein italienischer Teilnehmer an diesem Renaissance-Essen, „den Krieg zu verlieren, nur um diese amerikanischen Offiziere zu sehen, diese stolze amerikanische Frau, wie sie bestürzt und bleich vor Entsetzen um die Leiche der Sirene herumsaßen". Trotz beredter Versicherungen des Haushofmeisters, es handle sich um eine passende Zutat zum Renaissance-Essen, weigerten sich die Gäste entschieden zuzulangen; sie lehnten es strikt ab, „to eat a boiled girl with maionese at dinner", und ließen das Geschöpf voll christlichen Anstands im Garten des Casinos begraben, von einem Kaplan gesegnet. Damit war die Entscheidung gefallen: Die Meermaid gilt als Mensch, als Tochter Neapels.

Immer wieder ist bezweifelt worden, ob es Meermaiden tatsächlich gebe. Es wurde daher 1723 in Dänemark der einzig richtige Weg zur Untersuchung dieser Frage eingeschlagen: Eine Königliche Kommission wurde gegründet, die endgültig Klarheit über die Meermaiden schaffen sollte. Wenn, so wurde verfügt, der hochgelehrte Ausschuß feststellen sollte, daß es diese Wesen nicht gebe, so solle es gesetzwidrig und strafbar sein, von ihnen überhaupt zu sprechen. Die Kommission unternahm dann eine Dienstreise zu den entlegenen Faröern und traf – man muß aus heutiger Sicht sehr dankbar sein – einen Meermann. Der glotzte den Ausschuß an, tat, was mancher Mann vor einem Ausschuß gern tun möchte, brüllte nämlich wütend auf und tauchte weg. Durch diese mannhafte Tat war die Meinungsfreiheit für Dänemark gerettet. Da man zudem um die Jahrhundertwende eine mumifizierte Meermaid im

Königlichen Museum in Den Haag bewundern konnte, dürften die Zweifel an der Existenz der hübschen Fräulein ausgeräumt sein, auch wenn phantasielose Zoologen hartnäckig behaupten, die Meermaid sei nichts anderes als eine Seekuh.

VON DEM MEERMANN

Der Bericht der Königlich Dänischen Kommission hat gezeigt, daß dem Meerfräulein ein Meermann zur Seite gestellt ist. Beschreibungen lassen ihn nicht gerade als einen Beau erscheinen. Gesner schreibt:

Der Mann war mit einer breiten Brust / rotem Haar mit grauem vermischt.

Verschiedene Quellen lassen folgendes bekannt werden: Der Meermann hat das Gesicht eines alten Mannes, einen kleinen Kopf auf breiten Schultern, eingesunkene Augen, einen dunklen Bart und flossenähnliche Arme. Sein Leib ist etwa drei Ellen lang und endet in einem Tümmlerschwanz. Der Körper ist grau, das Haar manchmal grün.
Er schwimmt und taucht wie ein Fisch und nähert sich den Menschen zutraulich. Gern stellt er den Erdentöchtern nach.

In der Landschaft Dalmatia am Meer gelegen / bei der Stadt Spalat genannt (dem heutigen Split) / soll ein Meermensch gesehen worden sein / welcher die Anschauer sehr erschreckt / indem daß er sich auf die Erden heraus gelassen / aus Begierd ein Weib zu fangen / so bei Nacht an dem Gestad wandelt / welche als sie des Wunders sichtig worden und geflohen / hat er zur Stund sich wieder in das Meer geworfen. Solche soll gänzlich ähnlich gewesen sein einer Gestalt der Menschen.

Gelegentlich wird ein Meermann gefangen. Dann fragt man nicht, ob er Mensch oder Tier sei; man stellt aus seiner Haut starke Schuhe her, die fünfzehn Jahre halten. Sein Weg zur vollen Emanzipation ist eben noch lang und steinig.

VON DEM MEERTEUFEL (SATYRUS MARINUS)

Sind Mann und Frau in einem Element, ist auch der Teufel nicht fern:

Unter dem Bapst Eugenio (um 1440) / ist bei der Stadt Sibinicum in dem Illyrischen Meer / ein Meerteufel gefangen worden / an der Gestalt gänzlich beschrieben / als die gegenwärtig Figur erzeigt / welcher einen Knaben dem Meer zu zog.

VON DEM MEERMÖNCH (MONACHUS MARINUS)

Dem Meerteufel tritt als frommer Widerpart der Meermönch entgegen, der mehrfach an den Küsten Norwegens und Dänemarks den Fischern beim Heringsfang ins Netz gegangen ist. Der vier Ellen lange Geistliche soll dem dänischen König zugeschickt und als ein Wunderzeichen behalten worden sein. Sein Bild (S. 92) zeigt den feisten Kopf des weinkostenden Klosterbruders auf einem geschuppten Habit, aus dem fischige Arme und Beine herausschauen.

VON DEM MEERBISCHOF (EPISCOPUS MARINUS)

Auch der Oberhirte des Meeres ist bereit, Meerteufel zu exorzieren. Gesner weiß vom Meerbischof (Bild S. 93) zu berichten:

Der Meerteufel, wie er nach einem Fang in Norwegen gezeichnet wurde; Artgenossen wachen auch im Mittelmeer (Gesner).

Auf das Jahr, als man zählt 1531 / soll ein solcher Fisch mit solcher Gestalt gäntzlich aller Zierden eines Bischoffs ähnlich / an dem Gestad des Meers bei Poland (Polen) gefangen sein worden / und dem Polländischen König fürgetragen. Solches durch etwas Zeichen / merklich wollen bedeuten und begehren / daß es ein Begierd habe wieder in das Meer. Zu welchem als es geführt ist worden / soll es sich zu Stund darein geworfen / und in die Tiefe verschlossen haben.

An Land fühlt sich der würdige Herr nicht wohl, sein Bistum liegt im Meer, und wenn man sein Bild auf den Kopf stellt, soll sich seine wahre Natur offenbaren: ein Weichtier und Tintenfisch. Dem Birett des Bischofs entspricht das Hinterende dieses Tiers, das gefaltete Gewand stellt die Fangarme dar. Woher nur stammen die Schuppen?

Der Meermönch: seine Gestalt weist auf eine vorwiegend seßhafte Lebensweise hin (Gesner).

Episcopus marinus, ein Meerbischof (Gesner).

Von den Tieren der Sümpfe und des trockenen Landes

Im Lauf der Stammesgeschichte aller Lebewesen haben die Tiere allmählich ihre Urheimat, das Meer, verlassen und die Strände und das trockene Land erobert. Amphibien, Reptilien und Säuger traten auf. So auch in der phantastischen Zoologie.

VON DEM SALAMANDER

Die Naturphilosophie der Alten kannte vier Elemente: Feuer, Wasser, Luft und Erde, und jedes Element wurde durch ein Lebewesen symbolisiert. Das elementare Tier des Feuers ist der Salamander, das feuerrote Tier der Perser, ein kleiner Drache, der im Feuer lebt. Der junge Benvenuto Cellini (1500 bis 1571) sah ihn im heimischen Herd und erinnert sich noch im Alter dankbar daran:

„Wir saßen vor dem Fenster; plötzlich versetzte mir mein Vater einen so schmerzhaften Schlag, daß ich zu weinen begann. Weine nicht, sagte mein Vater, du hast dich keineswegs vergangen. Jedoch es erschien in diesem Augenblick ein Salamander in der Flamme; ich versetzte dir den Schlag, damit du diesen Vorfall nicht vergäßest und ihn deinen Kindern späterhin wiedererzählen könntest."

Ein Salamander im Feuer war den Alchimisten ein ersehnter Anblick. Wenn sie versuchten, im Schmelzofen die verschiedensten Substanzen nach den Rezepturen des Basilius Valentinus und des Arnaldus von Villanova in 41 Tagen und Nächten zu Gold umzuschmelzen, dann mußte beim Fortschreiten der Transmutation der rotglühende Salamander aufleuchten, sollte das Werk gelingen. „Denn unser Salamander lebt bloß in heftiger Glut und mitten im Feuer, er nährt sich vom Feuer und fürchtet das Feuer nicht", schreibt der russische Schriftsteller Fürst Odojewski (1803–1869).

War der Salamander somit unentbehrlicher Katalysator der Elementumwandlung, diente er zugleich ganz außerhalb der Physik den Kirchenlehrern bei ihren Schlüssen über die Bedingungen im Jenseits. Für manches Weltkind bedeutete es im Mittelalter ein drängendes Problem, wie lange sein

Drucksache

☐ Herr ☐ Frau ☐ Firma

Vorname

Name

Geburtsjahr

Beruf

Strasse, Hausnummer

Land, PLZ

Ort

Verlag
C. J. Bucher AG
Zürichstrasse 3
CH-6002 Luzern

Sie haben diese Karte einem Buch aus unserem Verlag entnommen. Wir hoffen, dass es Ihren Erwartungen entspricht. Wir sind bemüht, inhaltlich fundierte, gut gestaltete Bücher mit aussagekräftigen Illustrationen und hoher Druckqualität herauszugeben.
Wenn Sie an weiteren, laufenden Informationen über unsere Verlagsproduktion interessiert sind, bitten wir Sie, die beiliegende Karte komplett ausgefüllt an uns zurückzusenden. Ihre Angaben helfen uns dabei, Sie als Leser etwas kennenzulernen und das notwendige Werbegeld möglichst gezielt zu verwenden. Alle bei uns erschienenen Bücher liefert Ihnen Ihre Buchhandlung.

Diese Karte entnahm ich dem Buch _____

Ich bin zum Kauf angeregt worden durch:
☐ die Empfehlung meines Buchhändlers
☐ die Empfehlung eines Bekannten
☐ die Schaufensterauslage meines Buchhändlers
☐ die Besprechung in der Zeitung/Zeitschrift _____
☐ die Besprechung im Radio/TV
☐ die Anzeige in der Zeitung/Zeitschrift _____
☐ einen Verlagsprospekt
☐ das Buch wurde mir geschenkt
oder _____

Bitte senden Sie mir laufend Ihre Prospekte über folgende Fachgebiete:
☐ Länder, Völker, Städte
☐ Natur, Tiere, Umwelt
☐ Pferdebücher
☐ Medien: Fotografie, Film
☐ Geschenkreihen: Buchers Sammelsurium, Buchers Miniaturen
☐ Unterhaltende Sachbücher
☐ Bucher Bildlexika
☐ Kunst- und Kulturgeschichte

Bitte senden Sie mir mit Rechnung/Nachnahme folgende Bücher über meine Buchhandlung:

	Expl.		Expl.

Datum _____ Unterschrift _____

Bitte vergessen Sie Ihren Absender nicht.
▼

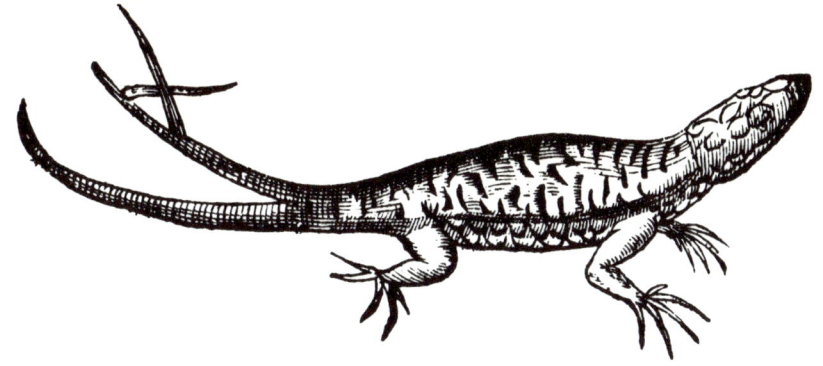

Körper im ewigen Feuer geläutert werden müsse. Mit der stillen Hoffnung auf eine frühzeitige Veraschung stellte ein solcher Mensch wohl die skeptische Frage: „Ob die Körper im Feuer ewig währen können?" Der große Augustinus beantwortete sie mit dem unbarmherzigen Hinweis auf den Salamander, der im Feuer lebt und nicht verbrennt.

Das besondere Verhältnis des Salamanders zum Feuer kannte bereits Plinius. Er beschreibt das Tier als einen Erdmolch, der eine solche Kälte in sich trägt, daß er das Feuer löscht, gerade so wie Eis.

Neben seiner Hitzeresistenz besitzt der Salamander einen weiteren unheimlichen Zug, der ihn vor anderen Tieren auszeichnet: besondere Toxizität. Er ist ein Gifttier von größter Bosheit und kann ganze Völker umbringen. Denn kriecht er auf einen Baum, steckt er mit seinem Gift alles Obst an; wenn er in einen Brunnen fällt, ist das Wasser vergiftet, weiß Plinius zu berichten. Berührt sein milchartiger Geifer irgendeinen Teil des menschlichen Körpers, so fallen alle Haare aus, die berührte Stelle ändert ihre Farbe und wird zu einem Mal. An anderer Stelle schreibt Plinius, daß das Gift des Salamanders erkältende Wirkung wie Aconitum habe. (Das ist eine Pflanze, von deren Gift 0,001 Gramm ausreichen, einen Sperling innerhalb von Minuten zu töten.) Toxizität und Hitzeresistenz werden damit auf eine einzige Wurzel zurückgeführt.

Wenn der Salamander mühelos den Menschen todeskalt macht, so kann sein Gift bei Haustieren wirkungslos bleiben. „Wenn das Schwein einen Salamander frißt, so schadet es ihm nichts", weiß Aelianus.

Der gefährliche kleine Drache ist leicht zu töten. Kochsalz auf den Schwanz gestreut bringt ihn um.

VON EINER UNERHÖRTEN KRÖTE MIT SCHLANGENSCHWANZ

Zur Familie der schönäugigen und giftigen Kröten gehört das abgebildete Tier (S. 96). Es lebt tagsüber versteckt und nährt sich von Würmern, Spinnen und Asseln, die es mit vorgeschleuderter Zunge fängt.

Der lange Schwanz ist eigentlich nicht familienüblich und wird vom abgebildeten Individuum deshalb besorgt gehalten.

Die Monsterkröte (Aldrovandi)

VON DEM BASILISKEN

Der Basilisk gehört zu der Gruppe der Drachentiere. Heute bezeichnet „Basilisk" eine Gattung der Leguane, einer Echsenfamilie der Neuen Welt, zu der der Drusenkopf und die Krötenechse zählen. Im Altertum war der Basilisk, der kleine König, von ganz anderer Statur und wohnte in der Alten Welt. Plinius beschreibt ihn als eine Schlange der cyrenaischen Provinz, neun Zoll lang, mit einem hellen Fleck auf dem Kopf gleich einer Krone.

Der Basilisk lebte damals in der Wüste; er geht halb aufgerichtet einher und schafft eine Stimmung des Verderbens. Sein Zischen verscheucht alle Schlangen und verkündet den Tod. Sein Hauch verdirbt Sträucher, versengt die Kräuter und zersprengt Steine. Hinter ihm bleibt Wüste zurück. Schon sein Geruch ist tödlich, und er vernichtet durch seinen Basiliskenblick den Menschen, wenn er ihn nur ansieht. Durch und durch giftig ist das Tier. Paracelsus schreibt über ihn:

> ... Der Basiliscus ist ein Monstrum über alle Monstra, denn keines ist mehr zu fürchten, darum, daß er einen jeglichen Menschen mit seinem Gesicht und Anblick jählings töten kann, denn er ist eines Gifts über alle Gift, dem er in der Welt keines gleichen mag. Und das selbige Gift führt er verborgener Weis in seinen Augen und ist ein imaginiert Gift.

Der klassische Basilisk, eine kleine Schlange mit Krone (Gesner)

Ganz so imaginiert ist sein Gift allerdings nun doch nicht, das haben Basiliskenkämpfer schmerzlich erfahren müssen: Versucht ein Reiter, einen Basilisken zu speeren, wird das tödliche Gift des Opfers am Speer entlang geleitet und tötet Roß und Mann.

Der Basilisk streitet nicht mit Klauen und Zähnen, sondern allein mit seiner Stimme, seinem Blick und seinem Hauch und ist nur mit gleichen Waffen zu bekämpfen. Die Ausdünstungen des Wiesels und das Krähen eines Hahnes lassen den kleinen König verfallen, auch der Anblick seines eigenen Spiegelbildes rafft ihn hinweg. Erfahrene Tramps durchstreifen daher die Cyrenaika nur in Begleitung eines Hahns oder Wiesels.

Das Blut der Basilisken gerinnt wie Pech und bekommt die Farbe desselben. Zerlassen ist es schöner als Zinnober und wetteifert mit der Morgenröte. Es besitzt heilende Kräfte gegen viele Krankheiten und wehrt Zauberkünste ab. Seine Asche vertreibt Spinnen und andere giftige Tiere; Silber, mit der Asche eingerieben, erlangt den Glanz und das Gewicht des Goldes.

In Zeiten bürokratischen Wildwuchses ist Basiliskenblut schier unentbehrlich: es verleiht Gesuchen Erfolg.

Ein echter Balg des Basilisken konnte bis heute nicht in ein Museum eingestellt werden, Fälschungen aller Art gibt es jedoch in großer Zahl, und sie stammen wieder einmal aus dem geschäftstüchtigen Medikamentenhandel.

Die Apotecker vnd ande
re landstreycher gstal=
tend die leyb der Rochē
in mancherley gstalt nach jrem
gfallen mit abschneyden/krüm
men/zersperren/ in Schlangē/
Basilischgen gstalt / Tracken
gstalt. Sölcher gstalt eine ist
hiehār gsetzt/ damit nacher sōl
cher trug vnd bschiß gemerckt
werde. Ich hab ein langstrey=
cher bey vns gesehen / der ein
sölche form fur ein Basilisch
gezeigt/ so doch allein auß dem
Rochen gstaltet ist worden.

Von art/ natur vnd eigen=
schafft der thieren.

Dise fisch wonend' gmein=
klich an lättechtigen / miesech=
tigen orten / nit weyt von ge=
staden / schwümmend mit der
breite jres leybs / ist langsam
vnd faul in dem schwümmen/
sind fleischfrässig/ geläbēd der
andern kleinen fischen: merend
sich gleych andern fischen: ver
gleychet sich mit der fruchtbar
keit den Hünern: dann ob sy
gleych nit mer dann ein oder
zwey schalechtige eyer zů vn=
derst in dem legdarm oder mů
ter habēd/ welcher eins hie ab=
conterfetet gesetzt ist/ habend
sy doch ein vnzal kleiner eyer
oben in dem legdarm/ welche
mit der zeyt auch vollkomlich
gstaltet werdend ye eins nach
dem anderen/ gleych als in den
Hennen geschicht.

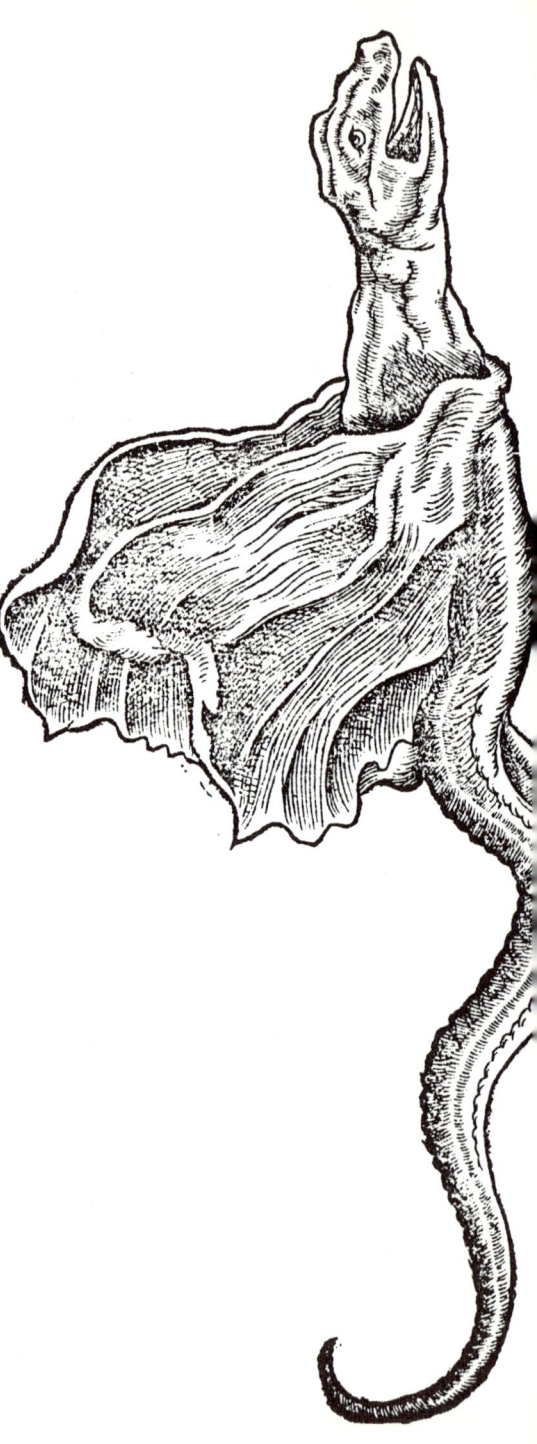

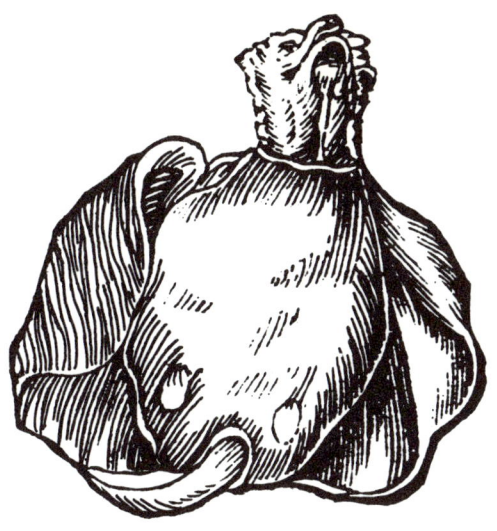 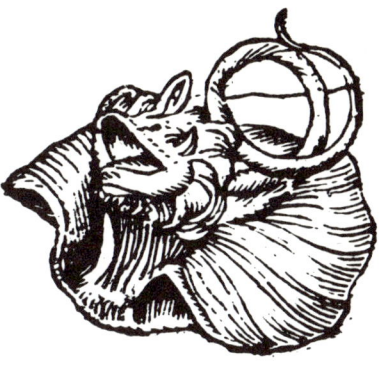

Als Basiliskenbälge präparierte Rochen, die für Geld ausgestellt oder verkauft wurden. Links eine Seite aus Gesner, in deren oberem Absatz er diese Täuschung anprangert, die „Apotecker und andere landstreycher" begehen.

Besaß der Basilisk im Altertum die Gestalt einer Schlange, so hat er im Mittelalter Form und Namen gewechselt. Basilicock heißt er nun häufig und erscheint als ein vierfüßiger Hahn mit gelbem Gefieder, breiten, dornigen Flügeln; sein Schwanz ist geformt wie eine Schlange, dreispitzig am Ende. Manche Bilder zeigen ihn auch als einen achtfüßigen Vogel, der eine Krone trägt.

Der Basilicock trägt dieselben todbringenden Eigenschaften in sich wie der alte Basilisk. In Wien ist solch ein Wesen am 26. 6. 1212 gesehen und vernichtet worden. Was der Arzt und Chronist Wolfgang Lazius (1514–1565) darüber ausführlich berichtet, sei hier gekürzt wiedergegeben:

Eine Magd des Bäckers „Zum roten Kreuz" sollte in der Frühe aus dem im Hof stehenden Ziehbrunnen Wasser schöpfen. Dieselbe kam aber mit leerem Kruge und großem Geheule zurück, meldend, es sei ein greulicher Gestank aus dem Brunnen hervorgegangen, der sie fast betäubet und ihr das Schöpfen verleidet, es habe auch aus demselben wundersam geglitzert und geleuchtet, sodaß sie für Schrecken und Angst fast des Todes verkommen.

Alsbald unterwand sich ein beherzter Bäckerjung, das seltsame Erscheinen näher zu untersuchen, ließ sich wohl an ein Seil binden und mit angezündeter Pechfackel in den Brunnen hinablassen; erhob jedoch plötzlich ein entsetzliches Geschrei und wurde für tot auf das schleunigste wieder aus dem Brunnen herfürgezogen. Nachdem man ihn mit allerlei Arcana gelabt und er wiederum etwas zum Leben zurückgekommen, sagte er mit bebender Stimme aus, wie daß er ein gräßliches Tier im Brunnen gesehen habe, fast in Gestalt eines großen Hahnes, aber greulich anzusehn, mit vielzackigem Schuppenschweif, plumpen, warzigen Füßen, wundersam glühenden Augen und ein Krönlein auf dem Haupt.

Basilicock (Aldrovandi)

Schien ihm fast so, als sei das Tier aus einem Hahn, einer Kröte und einer Schlange zusammengesetzt und hätte er sein Leben so was Abscheuliches und Abschreckendes nicht gesehen. Schloß auch deshalb die Augen und schrie um Hilfe, denn ihm wollte bedünken, als ob ihm durch den giftigen Blick des Untiers das Blut in den Adern zu erstarren beginne.

Jedermänniglich verwunderte sich baß über die wundersame Mär, begehrte auch niemand weiter, einen Vorwitz zu büßen, und wußte aber nicht, was von dieser Begebenheit zu halten und was bei so gestalten Sachen anzufangen. Da trat hervor Herr Heinrich Politzer, der Weltweisheit Doctor, ein geschickter Medicus und in der Kenntnis von den natürlichen Dingen wohl erfahren, der erklärte den Leuten, daß solch ein greuliches Tier Basilisk genannt sei und wie dasselbe wunderbarerweise aus einem Ei entstünde, das ein Hahn gelegt und eine Kröte ausgebrütet habe. Wie endlich der alte berühmte Naturforscher Plinius der Ältere schon ein solches Tier beschrieben, wie sein Blick so giftig sei, daß jedes Menschenkind davor ersterben müsse, und wie es endlich auf keine andere Art zu ertöten sei, als wenn man ihm eine polierte Metalltafel vorhalte, darinnen er, sein eigenes Bild erblickend, vor dessen Scheußlichkeit so sehr entsetze, daß er vor Wut und Ingrimm zerplatze.

Nachdem man noch eine Weile bestens beraten, wurden nach der Anleitung Herrn Heinrichs allgemach große Steine und viel Erden in den Brunnen geworfen, auf daß das Untier dadurch erdrückt und ertötet werde. Zuletzt ward besagter Brunnen bis auf den Rand mit Erden und Steinen angefüllet, sodaß kein fürderes Unheil geschehen mochte. Stiegen aber während der Arbeit so böse und gefährliche Dünste aus dem Brunnen, daß einige Arbeiter plötzlich erkrankten und jämmerlich dahinstarben, wie auch der ermeldte Bäckerjung in ein paar Tagen darauf vor Entsetzen und Grausen des Todes verblichen.

Bei natürlicher Zeugung hat der Basilisk nur einen einzigen Elter, den hagestolzen Vater, eine Mutter kennt er nicht. Der Vater legt ein dotterloses Hahnenei, das dann in warmem Mist von einer kaltblütigen Kröte versorgt und ausgebrütet wird. Aus dem Ei entwickelt sich unter anrüchigen Umständen

Dieser Basilisk lebt in den Wüsten und Einöden Afrikas (Aldrovandi).

der todbringende Basilisk. Nach Paracelsus kann das giftige Tier auch synthetisch hergestellt werden. Nötig ist dazu nicht viel mehr als eine menstruierende Frau:

> ... aus was Urſach er doch das Gift in ſeinem Blick und Augen habe, da iſt nun zu wiſſen, daß er ſolche Eigenſchaft und Urſprung von den unreinen Weibern hat. Denn der Baſiliſcus wächſt und wird von der größten Unreinigkeit der Weiber, aus den Menſtruis und aus dem Blut ſpermatis geboren, wenn nämlich das ſelbige in ein Glas und Cucurbit (Kürbis) getan und in ventre equini (Pferdebauch) putrefiziert wird, in ſolcher Putrefaction wird der Baſiliſcus geboren.

Diese Prozedur gleicht der zur Herstellung von kleinen Menschen.

Sei die Herkunft des Basilisken nun natürlich oder künstlich, er bleibt ein Monstrum, denn

> alle Tiere ſind Monſtra, die keine Eltern haben und nit von andern Tieren ihresgleichen geboren werden, ſondern durch Kunſt dazu gebracht werden.

Assyrische Reliefdarstellung eines Drachen aus dem Kampf mit dem Gott Marduk (aus Dacqué, nach Seeley, zu S. 104).

Von vierfüssigen vnd kriechenden Thieren.
Basiliscus. Βασιλίσκος. Basilisck.

Solche gifftige krafft hat auch die Schlange Basilisck/die in Libya bey der Statt Cyrene fellt/Ist nicht vber zwölff Finger lang/hat ein weiß pletzlein auff dem Kopff/ als were sie mit einer Kronen geziert/ vertreibet mit jhrem pfeifen all andere Schlangen/ schleifft den Leib nicht mit mancherley krümmen vnnd rencken nach/wie andere Schlangen/ sondern zeucht mit dem obern halben theil auffrecht daher/ verderbt die Frücht/die sie berürt/ oder anfaucht/fretzt die Kreuter ab/vñ zersprengt mit jrem krefftigen schädlichen Gifft die harten Felsen.

Vor etlichen jaren sol sichs zugetragen haben/daß ein Reuter sitzend auff seinem Pferde/einen Basilisck mit einem langen Spieß erstochen/da ist das Gifft durch den Spieß getrungen/vnd hat beyde den Reuter vnd das Pferdt dermassen beschmeist/ daß sie zugleich auff dem Platz blieben.

Dieses grausam Thier (welchs grosse Herrn vnd Könige offt begert haben zu sehen) wirt von deß Wiselins geschmack vmbgebracht. Also hat die Natur allezeit ein Thier wider das andere richten wöllen.

Man nimpt ein Wiselin/vnd wirffts in die Höle/darinn man weyß/ daß sich der Basilisck erhelt (denn vmb die Höle ist alles von seinem Gifft versenget) so tödtet das Wiselin den Basilisck mit seinem geruch/ vnd stirbt das Wiselin von deß Basiliscken gifft/ also bleiben beyde Feindt bey einander todt.

Albertus: Es schreiben die Natur erkündiger/wohin man die Aschen von einem Basilisck außspreite/ oder sehe/ daß am selbigen ort kein Spinne bleiben möge/ Solcher vrsach halb sollen die Alten in den Tempeln der Götzen diese Aschen gestreuwet haben/damit sie sauber vnd rein blieben von allem vngeziffer vnd gifftigem Gewürm. Daß aber etliche fürgeben/der Basilisck sol auß einem Hanen Ey wachsen/ das ist ein gedicht/vnd vnmüglich.

Faksimile einer Seite aus der Plinius-Ausgabe von 1584: Der Basilisk.

VON DEM DRACHEN ODER LINDWURM

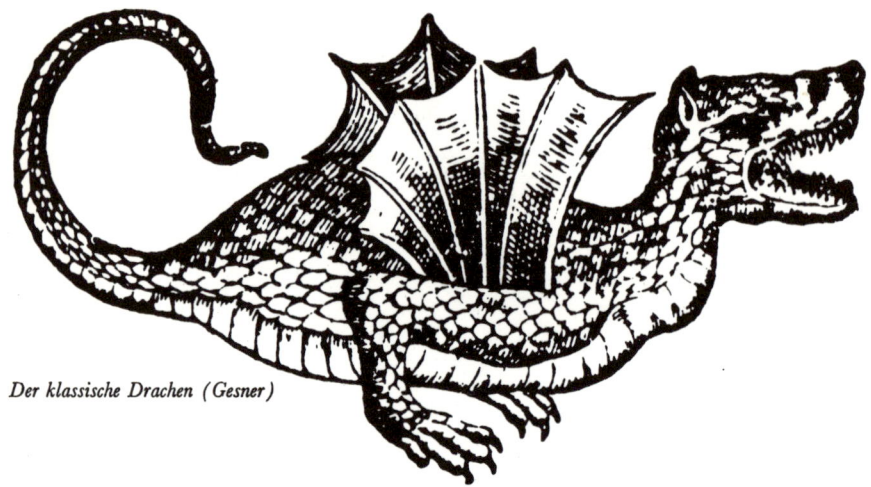

Der klassische Drachen (Gesner)

Im 12. Kapitel seiner Offenbarung schildert der Seher Johannes die letzten Tage der Welt, das Endgericht, an dem als Statist ein Drache beteiligt ist:

Und es erschien ein ander Zeichen im Himmel / und siehe ein großer roter Drach / der hatte sieben Häupter und zehen Hörner / und auf seine Häupten sieben Kronen / und sein Schwanz zoch den dritten Teil der Sternen / und warf sie auf die Erden.

Dieser Himmelsstürmer steht uns noch bevor. Nach dem Zeugnis der Offenbarung erlebte Johannes Visionen, das Rohmaterial für seine Gesichte aber entstammte den Vorstellungen seiner Heimat, seiner Zeit und ihrer Vergangenheit, so auch aus den Sagen um die assyrischen Götter (Bild S. 102).

Bis zum späten Mittelalter wurde die Gruppe der Drachen immer wieder nach Johannes beschrieben und abgebildet, in vielfacher Gestalt und Gefährlichkeit. Der klassische Drache ist ein heißblütiges Reptil mit Klauen, fledermausartigen Flügeln und spitzem Schwanz. Sein Körper trägt schillernde oder schwarze Schuppen, aus dem Mund sprüht Feuer, die Nüstern qualmen.

Konrad von Megenburg, der bedeutendste Zoologe des 14. Jahrhunderts, schildert in seinem „Buch der Natur" den Drachen als eines der größten Tiere, die die Welt kennt: „Auf dem Kopf trägt er einen Kamm; wenn er läuft, streckt er die Zunge vor und heult und gähnt mit seinem Maul. Gefährlich ist der Schlag seines Schwanzes. Er fliegt hoch, zerteilt die Lüfte mit seinen Flügeln. In der Nähe seiner Lagerstatt verpestet er die Luft mit seinem Atem und verbreitet tödliches Siechtum. Von einem in Geldern nachgewiesenen Exemplar wird gesagt: ‚Wenn er sich übers Land wälzte, dröhnte die Erde. Sobald er schrie, schwoll der Wind zum Sturm.'"

Das XIII. Cap.
Von den Drachen in Mohrenlande.
Draco. Drach oder Drachs.

JN Mohrenlandt findet man Drachen von zwentzig Elen/ den Indianischen fast gleich. Aber das befrembdet mich/ wie der Juba darauff kommet/daß er schreiben darff/sie sollen Kämme oder Federbüsch auff den Köpffen tragen.

In Mohrenland seind Völcker/die man Asacheer nennet/bey denen fallen diese Drachen den mehrertheil.

Es ist die gemeine sage/daß sie sich an den Meergrentzen selbst viert vnd fünff/ wie ein floß oder hurt / an einander flechten / recken die Köpff vber sich / vnnd fahren also vber Meer in Arabien/daselbst ein bessere weide zu suchen / denn sie in jrem Lande finden.

Ich wuste keinen Menschen fürzustellen/ der mit Warheit sagen kondte / daß er Drachen gesehen/die Streuß oder Federbüsch auff den Köpffen solten haben.

Der Drach hat ein Edelgestein im Kopff/ das man Draconites vnd Draconeia heist/welchs denn krefftig ist/wenn man jm den Kopff im Schlaff abhauwet/vnd es also von jm noch halb lebendig bringet.

Die Drachen verschlucken der Schlangen Eyer also gantz ein / beugen vnnd krümmen sich drauff so lang vnd viel/biß sies in jrem Bauch zerbrechen/als denn speihen sie die leere Schalen wider auß.

Faksimile einer Seite aus der Plinius-Ausgabe von 1584: Der Drache.

Zweifüßiger Drachen, nach Aldrovandi gefunden in einem Acker bei Bologna.

Das gewaltige Tier kommt in einer besonderen Rasse auch in China vor. Dort ist es ausgerüstet mit Hörnern und trägt kräftige Stacheln auf dem Rücken.

Das Verbreitungsgebiet des Drachen erstreckt sich von Irland über England, Frankreich, den Odenwald, die Schweiz, den Balkan, Palästina, Äthiopien, das Zweistromland bis nach Indien und China.

Innerhalb dieses Gebietes leben die Drachen in den unterschiedlichsten ökologischen Nischen: in den feuchten, felsigen Höhlen der Schweiz, in den Götterhainen Lanuviums (unweit Roms), in den Baumkronen des indischen Dschungels. Meist sind sie standorttreu, und nur gelegentlich machen sie sich auf den Strich. Die Drachen des kargen Äthiopien jedoch scheinen echte Zugdrachen zu sein. Auf der Suche nach Nahrung überqueren sie schwimmend das Rote Meer und ziehen ins Innere Arabiens. Sie wandern in Schwärmen, und auch das Schwimmen erfolgt in Gruppen: vier bis fünf Drachen umklammern sich und bilden so ein Floß, das ihre Köpfe trocken übers Meer trägt.

Nicht nur nach anatomischen oder lebensräumlichen Kriterien lassen sich die Drachen unterscheiden, auch die Art der Ernährung variiert ganz erheblich. Ein Tier, das 1420 in Felshöhlen bei Luzern hauste, lebte ausschließlich von anorganischer Materie, die in Form einer salzartigen Lake aus den Felswänden ausgeschwitzt wurde. Dieser Drache besaß offenbar die Fähigkeit zur Chemosynthese, das heißt die Begabung zur eigenständigen Produktion von Zuckern aus der Kohlensäure der Luft, wobei die nötige Energie aus der Oxidation anorganischer Verbindungen beschafft wurde. Diese Fähigkeit stellt ihn zusammen mit einigen Bakterien auf die unterste Stufe der Entwicklung der Lebewesen.

Ein äthiopischer Drachen mit „eminentem Rücken". Die Ähnlichkeit mit Gesners Drachen ist nicht zufällig (Aldrovandi).

Beim geflügelten Drachen aus Griechenland gingen im Laufe der Entwicklung die Beine verloren (Aldrovandi).

Spezialisierung auch im Drachenreich: Draco marinus, der Meerdrache, mit Schwimmhäuten und flügellos (Aldrovandi).

Komplexere Nährstoffe benötigen jene Drachen, die Kuchen schlingen und Obst verdrücken. Diese Pflanzenfresser sind von der Natur mit Instinkten ausgerüstet, die sie vor allen Verdauungsbeschwerden bewahren, wie sie sich gern nach allzu reichlichem Obstgenuß einstellen. Aelianus erläutert: „Wenn die Drachen Obst genießen wollen, schlürfen sie den Saft vom bittern Lattich ein, und dieser nützt ihnen gegen das Anschwellen von Blähungen."

Einige Drachen lieben Mischkost. Mal fressen sie Pflanzen, ein anderes Mal Fleisch, wie sie es gerade treffen. Aelianus erklärt ihre Methode des Beutefangs: „Wollen sie aber einem Menschen oder Tier auflauern, so fressen sie todbringende Wurzeln und Kräuter und warten, solchermaßen befrachtet mit giftigem Füllsel, auf ihr Opfer." Eine gewisse Vertrautheit mit der Pflanzenkunde ist diesen Tieren gewiß nicht abzusprechen.

Vollends zum Jäger und Fleischfresser sind solche Drachen geworden, von denen es in den Grimmschen Sagen heißt: „Sie fressen täglich ein Schaf oder Rind und rauben die Ställe der Bauern aus." Ihr größtes Beutetier ist der indische Elefant, der mit allen Drachen tief verfeindet ist. Plinius und Aelianus haben den Kampf zwischen beiden Giganten ausführlich geschildert: Zunächst setzt sich der Drache im Geäst eines Baumes fest, umschlingt mit seinem Schwanz die Krone, läßt den Kopf verborgen im Laub herabhängen und erwartet in solcher Tarnung seinen Gegner. Nichtsahnend kommt der Elefant daher und reißt äsend Zweige und Blätter von den Bäumen. Da springt der Drache mit einem gewaltigen Satz dem Elefanten ins Gesicht, reißt ihm die Augen aus, schlingt ihm seinen Schwanz um die Kehle und würgt ihn, bis er erstickt zu Boden fällt. Unglücklicherweise erdrückt dabei der Besiegte nicht selten den Sieger mit seinem Gewicht, und einträchtig verenden dann alle beide auf der Walstatt. Diese Kämpfe zwischen Drachen und Elefant finden vor allem in den Sommermonaten statt. Der Drache, der ohnehin in seinem Innern wie ein Hochofen brodelt, wird im indischen Sommer zunehmend reizbar und sucht schließlich Kühlung um jeden Preis. Dem Elefanten aber wird nachgesagt, daß er große Mengen wunderbar kalten Blutes führe, und so geht der Drache mit Zwangsläufigkeit auf den Ansitz. Überlebt er den Kampf, beißt er sich am Ohr des Elefanten fest und trinkt ihn leer.

Greift im beschriebenen Fall der Drache nur dann eine Beute, wenn er sie dringend benötigt, so scheint es andererseits Drachen zu geben, die blindwütig wie der Iltis im Hühnerstall alles töten, was ihnen über den Weg läuft. So wird bezeugt: „Beim Dorf Wyler hauste in der uralten Zeit ein scheußlicher Lindwurm, welcher alles, was er ankam, Vieh und Menschen, tötete und den ganzen Strich verödete." Mangelndes ökologisches Bewußtsein verschloß diesem Tier letztlich jede weitere Lebensmöglichkeit.

Manche Drachen sind sogar zu reinen Menschenfressern geworden und verschmähen jede andere Nahrung.

Von der Feindschaft zwischen Drachen und Menschen

Gründe für eine Feindschaft zwischen Drache und Mensch sind also genug vorhanden, bedroht doch das Tier den Menschen, sein Vieh, sein Obst und seinen Kuchen. Zwischen beiden steht zudem der Neid, widmet sich doch der klassische Drache einer besonderen Aufgabe mit Leib und Leben: Er bewacht einen Schatz, entweder goldene Gerätschaften und Juwelen oder gar eine schneeweiße Jungfrau. Diese Raritäten möchten viele Menschen ebenfalls besitzen, und so wird mit List und Gewalt der soziale Ausgleich angestrebt. Seit dem Altertum ist daher der Kampf mit dem Drachen eine klassische Heldentat, die die Gottheiten Indra und Marduk, Sankt Georg und der Erzengel Michael, die Helden Beowulf und Siegfried zu bestehen wußten. Sie töteten das Tier als Fußkämpfer und hoch zu Roß. Sie erstachen es mit Lanze, Schwert und Speer; sie zogen ein stachelbewehrtes Hemd an und ließen sich vom Drachen umarmen; und sie schlugen die dicke Trommel, die den Donnerschlag nachahmt und dem Drachen daher große Furcht einjagt. Ließ das Tier Kopf und Flügel hängen, war es endgültig bezwungen, Goldschatz und weiße Jungfrau waren zugänglich geworden und wurden verteilt. Die Ordnung war wiederhergestellt.

Der heilige Georg tötet den Drachen. Illustration aus Edmund Spensers „The Faerie Queene", 1590.

Wurde eine arme, unbedeutende Grafschaft vom Drachen terrorisiert, war oft ein klassischer Held zu fern oder teuer. In solchen Fällen wurde Sträflingen das Angebot gemacht, um Straferlaß gegen den Drachen anzutreten. So konnte das Dorf Wyler durch den einer Mordtat überführten Winkelried vom Drachen befreit werden. Der Winkelried stieß dem Reptil ein Bündel Dörner in den aufgesperrten Rachen. Das Tier versuchte vergeblich, die stachlige Kost auszuspeien, vernachlässigte überm Würgen seine Rundumverteidigung, und Winkelried hieb mit dem Schwert zu. Mit einem Schlag hatte er sich Freiheit und Verdienstkreuz erworben. Leider war ihm der Genuß dieser schönen Errungenschaften nicht lange vergönnt; er starb alsbald an Drachenblutvergiftung.

Nicht immer hat ein kampfbereiter Mann Gelegenheit zur Tat, er wird dann leicht zur tragisch-komischen Gestalt. Dschuang-Dse erzählt von einem hartnäckigen Mann, der volle drei Jahre daran wandte, die Kunst des Drachentötens zu pauken, und dann sein Leben lang keine Gelegenheit fand, seine Meisterschaft zu beweisen.

Von der Freundschaft zwischen Drachen und Menschen

Feindschaft charakterisiert ganz allgemein die Beziehungen zwischen Drachen und Menschen. Trotzdem sind zwischen beiden Gruppen auch neutrale und freundschaftliche Beziehungen geknüpft worden, sei es von besonderen Drachen oder herausragenden Menschen. Drachen, die bei Luzern lebten, umschlangen mehrfach den Leib eines Menschen, ohne ihm ein Leid anzutun. Und als es noch Herde gab und keine Zentralheizung, da fuhren gelegentlich Drachen als heimliche Hüter und Bringer des Reichtums in feuriger Gestalt durch die Esse und legten ein Geschenk auf den Herd.

Aelianus erzählt von Pindus, dem Sohn des Macedon, der eine lange Zeit in Symbiose mit einem Drachen lebte. Der Mensch lieferte dem Drachen die Erstlinge seiner Jagdbeute und wurde dafür vom Drachen gegen seine Feinde beschützt.

Diese Art Symbiose kann weiterentwickelt sein zu einseitiger Liebe zwischen den Arten, auch davon weiß Aelianus zu berichten: Im Lande der Juden liebte zur Zeit des Herodes ein Drache der größten Art ein Mädchen. Dieses besuchte er und schlief bei ihr als Liebhaber. Doch hatte das Mädchen zu ihm kein Vertrauen, obwohl er mit aller möglichen Sanftheit und Milde zu ihr gekrochen kam. Sie wich also aus und wurde dafür vom erzürnten Drachen geschlagen.

Aelianus schildert auch den alten Keuschheitstest mit dem Drachen: Im Hain von Lanuvium findet sich eine tiefe Höhle, und hier ist das Lager eines Drachen. An bestimmten Tagen begeben sich heilige Jungfrauen in den Hain mit einem Kuchen in den Händen und verbundenen Augen. Ein göttlicher Luftzug geleitet sie sicher zum Lager des Drachen. Sind sie nun wirkliche

Jungfrauen, nimmt der erfahrene Drache die Speise an, wenn nicht, bleibt sie unberührt. Ameisen schaffen den Kuchen fort, die nicht mehr intakte Jungfrau wird streng bestraft. Aelianus erklärt allerdings nicht, auf welchem Wege der Drache zu seiner sicheren Diagnose kommt.

Vom Nutzen des Drachen

Wenn die staatstragenden Stände der Gesellschaft ihre Pflicht erfüllen, wenn Justiz, Armee und Medizin funktionieren, dann ist das nicht zuletzt den Drachen zu verdanken, die ihre Organe als Wegweiser im Wirrwarr der Gesetze, als Rohstoffe für Arzneien und als Mittel bei der Kriegsführung zur Verfügung stellen:

Man nimmt auch von Tracken (Drachen) vielerlei / damit Zauberwerk und abergläubige Ding zu vollbringen / welches unnötig zu erzählen.

Allgemein gilt ein Drachenkopf unter der Türschwelle als Glücksbringer. Kommt es trotz solcher Vorkehrung gegen das Unglück zum Zusammenstoß mit üblen Nachbarn oder dem Gesetz, so verhilft das Herzfett des Drachen, eingewickelt in ein Gazellenfell und mit Hirschsehnen an den Arm gebunden, zum Sieg im Rechtshandel. Versagt wider Erwarten auch dieses Mittel, dann versichern an den Arm gebundene Drachenzähne den Klienten doch der Nachsicht und Milde vor Gericht. Wo also ein toter Drache zur Verfügung steht, ist ein Anwalt überflüssig, Plinius weiß das aus römischer Erfahrung.

Wie in der Juristerei, so bringt auch in der Medizin das Abwracken eines Drachen manche Hilfe. Nach altem römischem Rezept dienen altgewordene, mit Honig zerriebene Drachenaugen als Salbe gegen Alpträume:

Die Feiste (Fett) mit allem Öl und Honig vermischt bessert und schärfet die blöde Gesicht.

So man ihr Zung und Gallen in Wein kocht und sich damit schmieret / hilft es denen/ die vom Schrettelin gedrückt werden.

Vielfach Verwendung findet im pharmazeutischen Gewerbe des Mittelalters das Drachenblut, und häufig scheint – aus Unkenntnis oder Gewinnsucht – nicht das unverfälschte Drachenblut zur Anwendung zu gelangen:

Vom Trackenblut schreiben die Ärzt an vielen Orten/ aber es ist nit allen wohl bekannt, was es seie. Plinius hat vermeint (nit ohne großen Irrtum) / es seie das Blut / so im Streit zwischen dem Tracken und Elefanten vergossen wird. Andere sagen es seie ein Gummi oder Harz aus einem Baum in Afrika fließend. Serapion hält des Gliedkrauts (Fingerkraut) Saft für dies Blut. Etliche nennen den Blutstein (ein Roteisenerz) also. Andere halten anderes davon.

Ich aber will von Kürtze wegen alle Meinungen beruhen lassen / und allein zur Erklärung etwas aus des Johannis Langy Sendbriefen anzeigen. Derselbe meldet, daß ihm zu Venedig ein Gummi / so purpurfarb und einer Haselnuß Größe gewesen / vom Geraldo seie gezeiget worden / der ihm gesagt: siehe dies Gummi ist das rechte Trackenblut / und wird aus der neuen Insel / Porto Santo genannt / hergebracht / ist nützlich so mans in die Augenartzneien vermischt / und stillt wunderbarlich das Blut in den Wunden / wird auch Indica Cinnabaris genennet. Ist aber ein ander Gewächs denn die Minien oder Bergzinnober so in Silbergruben gegraben / und mit Hämmern geschlagen / und zu der Malerfarben gebraucht wird. Plinius hat angegeben / das Trackenblut werde von Tracken nach ihrem Streiten gesammelt: und zeigt dabei an / daß man diese Cinnabarium Indicam mit dem Minio / das ist Bergzinnober (der von wegen des Quecksilbers / den er beinhalt / vergiftet ist) nit für ein Gewächs halten solle. Weil aber dieser Sanguis Draconis für ein nützliche und heilsame Cinnaberis Indorum befunden wird / so vermein ich / man solle weder Bergzinnober noch Trackenblut Cinnabarim Indicam nennen. Denn das recht Trackenblut / Sanguis Draconis / ist nichts anders denn ein Saft / der wie rot Blut aus den Bäumen in India und den Inseln des Atlantischen Meers hervor tropfet. Welchen weder Dioscorides / Plinius noch Theophrastus recht erkannt haben / dieweil sie nirgends

Ein sogenannter Drachenbalg, in Wahrheit ein phantasievoll präparierter Rochen: Täuschung und Betrug wie beim Basilisken. Aldrovandi nennt ihn Draco ex Raja effictus (aus dem Rochen gefertigter Drache).

Wie alle Tiere von enormer Stärke oder Wunderkraft findet auch der Drache in der Heraldik seinen Platz, hier z.B. im Stadtwappen von Klagenfurt (Meyers).

melden / daß Cinnabaris Indica ein Saft oder Gummi seie. Des Docktor Langy Meinung bestätigen Arianus und Aloisius ein Portugalesischer Schiffherr / die beide bezeugen / die Einwohner der Insel Porto Santo schneiden und verwunden zu gewissen Zeiten im Jahr die Rinden dieses Baums / aus welchem das künftig Jahr viel Saft oder Gummi rinne / denselben Saft sieden sie in Kesseln, bis daß er dick und rot werde wie Blut / und nennend ihn aus dieser Ursach Trackenblut. Es ist aber zu beachten / daß der Sanguis Draconis / so in unsern Landen in Apotheken verkauft wird / seie nichts anders denn Geißblut mit Bergzinnober oder Vogelbeeren (mit welchen Stücken er auch bei den Alten verfälscht worden / und deswegen den Malern mehr denn den Ärzten Nutz bringt) dick gekocht.

Genauso werden gefälschte Drachenbälge dem unwissenden Volk als echte vorgeführt (Bild S. 112).

Neben den genannten Wissenschaften bedient sich auch das Kriegshandwerk des Drachenmaterials. Ein streng geheimes Mittel, das im Kampf unbesiegbar macht, kennt Plinius: Schwanz und Kopf des Drachen, dazu Stirnhaar und Mark des Löwen, vermengt mit dem Schaum eines siegreichen Rennpferdes und den Klauen eines Hundes, werden verpackt in eine Hirschhaut und mit Sehnen von Gazelle und Hirsch an den Arm gebunden. Mit solchen Polstern voll Vertrauen auf die Kraft des Drachen, dazu unter dem Feldzeichen des Drachen, rückten die römischen Kohorten aus und eroberten ein Weltreich. Varus, der es einmal nachweislich versäumt hatte, seine Truppen mit dem Drachenbeutel auszurüsten, verlor prompt eine Schlacht in Germanien, im Teutoburger Walde. Übrigens war seinen Gegnern damals die Bedeutung des Drachen für das Kriegshandwerk ebenfalls bekannt. Siegfried ward nach einem Bad im Blut des Odenwälder Drachen der „Hürnene" genannt; das Bad hatte ihm ein Außenskelett verliehen, ganz wie die Käfer es besitzen, und ihn fast unbesiegbar gemacht.

VON DEM SEEDRACHEN

Die Familie der landbewohnenden Drachen umfaßt ganz verschiedene Arten. Daneben gibt es weitere, die ähnlich wie die Wale zum Leben im Meer zurückgefunden haben. Aelianus beschreibt sie uns präzise: Der Seedrache besitzt einen Körper wie ein Fisch und einen Kopf wie ein Landdrache. Auch hat er Schuppen, die sich anfühlen wie die Haut des Landdrachen. Scharfe Stacheln wachsen daraus hervor, die Gift enthalten, und es ist nicht gut, sie zu berühren.

Woher kennt der Mensch den Drachen?

Die Wissenschaft von den Tieren verzeichnet den Drachen in keinem Lehrbuch. Trotzdem findet sich die Vorstellung von diesem geflügelten Reptil von Ostasien bis Irland in allen Kulturen wieder. Drei Quellen haben sie gespeist:
– das Wissen um die Existenz großer lebender Echsen, der Alligatoren und Warane;
– die gelegentlichen Funde von gewaltigen Knochen und Zähnen fossiler Tiere, die als Reste von Drachen angesehen werden;
– hinzu kommen die Heldenlieder, jahrtausendealte Erinnerungen an Mannestaten in vorgeschichtlicher Zeit; Erinnerungen an die Ahnen im Fellkleid, die, erschrocken fliehend oder mit Stein und Holz kämpfend, oftmals siegend, manches Mal unterliegend, gegen gewaltige Tiere antreten, die wir heute nicht mehr treffen.

VON DEM EINHORN

In den alten Zeiten, als uns das Wünschen noch geholfen hat, zog ein Schneiderlein in die Welt hinaus, weil es meinte, die Werkstatt sei zu klein für seine Tapferkeit. In einem fernen Reich verlegte es sich darauf, durch heldenhafte Taten die Königstochter zur Frau und das halbe Königreich zur Mitgift zu gewinnen. Eine seiner Bewährungsproben bestand es folgendermaßen:
Der König sprach zu ihm: „Ehe Du meine Tochter und das halbe Reich erhältst, mußt Du noch eine Heldentat vollbringen. In dem Walde läuft ein Einhorn, das großen Schaden anrichtet, das mußt Du erst fangen." „Vor einem Einhorne fürchte ich mich noch weniger als vor zwei Riesen; siebene auf einen Streich, das ist meine Sache." Er nahm sich einen Strick und eine Axt mit, ging hinaus in den Wald und hieß die ihm zugeordnet waren, außen warten. Er brauchte nicht lange zu suchen, das Einhorn kam bald daher und sprang geradezu auf den Schneider los, als wollte es ihn ohne Umstände aufspießen. „Sachte, sachte", sprach er, „so geschwind geht das nicht", blieb

Diese klassische Darstellung des Einhorns von Gesner war Grundlage für Apothekenschilder, Wappen und Märchenillustrationen.

stehen, wartete, bis das Tier ganz nahe war, dann sprang er behendiglich hinter den Baum. Das Einhorn rannte mit aller Kraft gegen den Baum und spießte sein Horn so fest in den Stamm, daß es nicht Kraft genug hatte, es wieder herauszuziehen, und so war es gefangen. „Jetzt hab' ich das Vöglein", sagte der Schneider, kam hinter dem Baum hervor, legte dem Einhorn erst den Strick um den Hals, dann hieb er mit der Axt das Horn aus dem Baum, und als alles in Ordnung war, führte er das Tier ab und brachte es dem König.

Aus diesem Märchen der Brüder Grimm glauben wir es alle zu kennen, das geheimnisvolle Einhorn, Fabeltier von Pferdegestalt, mit einem spitzen Horn in der Stirnmitte, auf mancherlei alten Bildern gemalt und in Chorgestühl geschnitzt.

Aber kennen wir es wirklich? Im deutschen Wald ist es seit langem nicht mehr anzutreffen, schon das Schneiderlein mußte in ein fernes Reich ziehen, um mit ihm zu kämpfen; kein Zoo kann es präsentieren, kein Zirkus führt es vor, und wo somit der Augenschein fehlt, sind wir auf Erzählungen und Berichte angewiesen. Konrad Gesner vermutet, daß es nicht das Einhorn schlechthin gebe, sondern eine ganze Familie dieser Tiere, deren Verbreitungsgebiet außerhalb Europas, hauptsächlich in Asien, liege:

> Ob vielleicht mehr Arten der Einhorner seien dann eine / und das selbige mit sich bring / daß so vielerlei Gestalten des Einhorns / jetzt so / dann so / beschrieben sind / muß ein jeder selbst gedenken: und ist auch nit ein Wunder / weil der selbigen Tieren nach Europa keins nie kommen / daß also allein anderer Sag nach / und kein Augen Gezeug / in Europa etwas davon schreiben mögen.

Ctesias, der Arzt des Artaxerxes, berichtet, es gebe in den Ebenen von Hindustan flinke wilde Esel mit weißem Leib, purpurfarbenem Kopf und dunkelblauen Augen. Auf der Stirn trügen sie ein Horn, fünfzehn Ellen lang, in den Reichsfarben Schwarz-Weiß-Rot. Auch Philostrat erzählt von dem Tier.

Weniger behend scheinen Vettern dieses bunten Einhorns. In Indien, sagt Plinius, lebt das Volk der Orsei, die fangen ein grimmiges, wildes Tier, das am Leib einem Pferd gleicht, am Kopf einem Hirsch, an den Füßen einem Elefanten und am Schwanz dem Eber. Es brüllt gewaltig, und aus seiner Stirn ragt ein Horn, mehr als drei Ellen lang. Das Horn wird von Aelianus genauer beschrieben: schwarz und nicht glatt, von Natur gewunden, spitzt es sich vorn wie eine Nadel zu.

Aristoteles bringt das Einhorn in Verwandtschaft zum Oryx, einer Antilope Nord- und Mittelafrikas, und zum Wildesel. Seine Sonderstellung wird ihm vor allem durch das Horn verliehen. Gesner findet sogar eine Gesetzmäßigkeit zwischen Horn und Huf und beschreibt das so:

... mitten an der Plaffen haben fie ihre Hörner: alfo dienet das Horn auf jeder Seiten / dieweil die Mitte jedem Ort das Äußerfte ift. ... dann Klauen fo als Huf haben ein Natur mit dem Gehürn: derwegen fo fpaltet die Klaue / fpaltet auch das Horn / das aus Mangel natürlicher Kräften kommt. Derwegen weil die Tier fo gantzen Huf haben / an Füßen kein Mangel und ungefpalten / hat die Natur ihnen was hier zum Überfluß / oben defto minder geben / und nit mehr dann ein einzig Horn.

Im Wasser lebt ein Ahn des Landeinhorns, der Narwal, den Melville beschreibt: „Das Tier geht auch unter dem Namen Einhornwal, ein beachtliches Beispiel dafür, daß in allen Bereichen der belebten Natur die Einhornerei im Schwange ist." Dies Meereinhorn ist im Kapitel über Walfische abgebildet.

Die Lebensweise des Landeinhorns ist kaum studiert, denn es weidet fern von den Menschen in der Wildnis, und wenn man es beobachten will, distanziert es sich unverzüglich. Aelianus schreibt: „Diese Art ist vorzüglich schnell, und ihn verfolgen heißt, verfolgen, was nicht zu erreichen ist." Dem Hörensagen nach soll es Fleisch fressen.

Sein Hauptmerkmal ist die ungeheure Kraft, die im Horn konzentriert ist: „In diesem haben sie eine solche Kraft, daß ihrem Stoße nichts widersteht, sondern alles ihm weicht und durchbohrt wird", meint Aelianus. Auch die Bibel rühmt im Buche Hiob die Unüberwindlichkeit des Tieres:

Meinftu, das Einhorn werde dir dienen und werde bleiben an deiner Krippen? Kanftu ihm dein Joch anknüpffen die Furchen zu machen, das es hinter dir brochen in gründen? Magft dich auff es verlaffen, das es fo ftark ift? und wirft es laffen arbeiten?

Ein einziger Hornstoß spießt einen Elefanten auf, und das Märchen vom tapferen Schneiderlein zeigt, daß das Einhorn in blinder Wut sein gedrehtes Horn wie einen Schraubnagel unverrückbar ins Holz treiben kann. Nur ein Abhacken des Horns oder – bisher noch nicht praktiziert – eine mehrfache Drehung des Tiers um die Hornachse kann es wieder in Freiheit setzen. Früh galt daher dieser asiatische Esel als ein Sinnbild der Stärke und wurde in der Heraldik verwendet, wo er noch heute zu finden ist.

Der natürliche Feind des Einhorns ist allein der König der Tiere, der Löwe, und auch er nähert sich ihm nur mit großer Zurückhaltung, nagelt es nach der Methode des Schneiderleins an einen Baum und zerreißt es dann.

Wie sie gefangen werden

Die fabelhafte Kraft des Einhorns und der Rang seines natürlichen Gegners lassen bereits ahnen, daß die Jagd ein schwieriges Unternehmen ist. Manche leugnen rundweg, daß dieses Tier lebendig gefangen werden könne. Das ist jedoch die Meinung kleinmütiger Pantoffelhelden. Der erfahrene Jäger versucht sich an jedem Tier, und den Erfolg sucht er mit List. Er beobachtet, legt den geeigneten Köder, und so beißt der Fisch mit dem Wurm auch den Haken und der Wolf tritt am Luder ins Eisen. Auch das Einhorn läßt sich ködern:

Doch sagen etliche / welcher Meinung auch Albertus ist / das Einhorn verehre die Jungfrauschaft so hoch / daß es / wo ein Jungfrau vorhanden / der selbigen zulaufe / sich in ihr Schoß lege / darinnen ruhe und schlafe / bis es also gefangen und gebunden werde. Man schreibt auch / so namlich Alunnus / daß das Einhorn große Lieb zu der Jungfrauen trage / und die selbig am Geruch erkenne.

Diese Vorliebe für keusche Jungfrauen wird dem Einhorn zum Verhängnis, hinter dem Köder lauert der schlaue Jäger:

... / so erwähle man etwa ein starcken Jüngling unter den Jägern / der sich ein kostbare Jungfrau Kleider anlege / und als dann mit edlem geschmackvoll Geruch werde besprengt / berieben und begossen / und stelle sich an ein Ort, da das Tier wohne / so nahe / daß es auch den edlen Geschmack riechen möge. Die andern Jäger verbergen sich nit weit von diesem Stand: und so das Tier des Geschmacks empfindet / und die weiblich Kleidung erblickt / lauft es dar hin / und legt sich dem jungen Gesellen in den Schoß: der dann mit seinen weiten Ärmlen und kostbarem Geruch das Tier blendet und bedeckt / und es entschläft: als dann laufen die Jäger herzu / und nehmen das Horn vom Tier / das für Gift gut ist / lassen das Einhorn unverletzt sonst weglaufen.

Das Einhorn in einer späteren Fassung von Gesners Tierbuch. Der Hintergrund zeigt die wesentlichen Elemente der Einhornjagd.

Dem Einhorn, blind in seiner Sympathie und arglos am Ziel seiner Wünsche, wird das Horn amputiert, das Zeichen seiner heraldischen Besonderheit genommen. Was übrig bleibt, ist Pferd oder Esel und wird gefahrlos laufen gelassen, mag der Leser das glauben oder nicht.

... / Auch ist solches von keinem Alten je fürgeben worden / dann eben von diesem Tzetze / der um das Jahr 1176 hat geschrieben. Auch so das Tier am Geschmack die Jungfrau erkennt / würde Der übel können bestehn / der in Jungfrauen Kleider angelegt des Tiers erwartete. Doch bleib das in seinem Wert / und eins jeden Urteil.

Vielfach ist diese Form der Jagd im Mittelalter abgebildet worden, und der wahre Kern der Jagdgeschichten ist heute statistisch zu beweisen: In den alten Zeiten, als die Keuschheit noch betörend wirkte, konnte das Einhorn gelockt und gefangen werden. Seit sie zur Sensation geworden ist, läßt sich auch kein Einhorn mehr blicken.

Der Nutzen, der vom Einhorn kommt

Ist das Einhorn erst einmal gefangen, wird es der Nutzung durch den Menschen zugeführt. Zur Nahrung taugt es bedauerlicherweise nicht, denn Gesner kann durch Analogieschluß zeigen, daß das Fleisch ungenießbar sein muß:

Eben wie des Indischen Esels Fleisch bitter / und zur Speis untauglich / also glaub ich seie des Einhorns: dann zumal sie sonst gar wenig / außer eben an der Farb einander unähnlich sind.

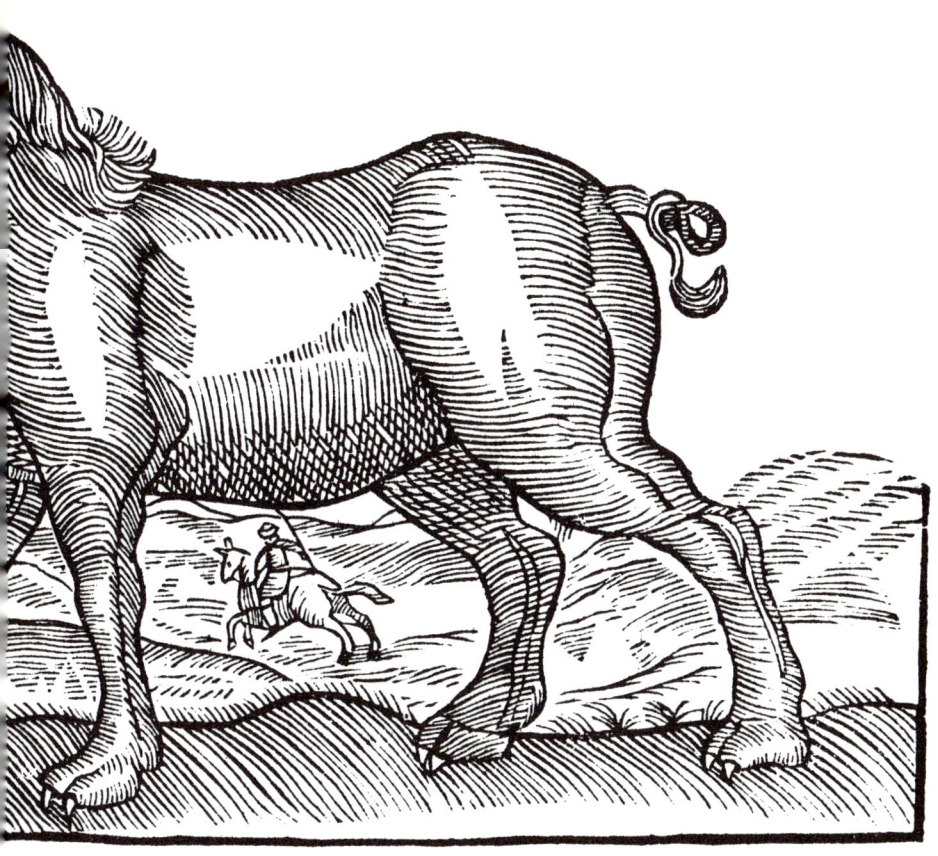

Um so größere Bedeutung hat das Einhorn für die aufstrebenden Wissenschaften des Mittelalters. Die Chemie kennt eine Flüssigkeit, das Arkadische Wasser, das bei Tieren tödlich wirkt. Dieses Bestizid läßt sich weder in metallenen noch in irdenen Gefäßen halten, es durchdringt die Gefäßwände und verliert sich. Allein im Horn des Einhorns kann es gesammelt und bewahrt werden.

In der Medizin wird die Hornsubstanz in den verschiedensten Aufbereitungen gegen allerlei Übel eingesetzt:

Wider den fallenden Siechtagen (Fallsucht) / wider pestilenzische Fieber / wider wütigen Hundsbiß: auch wider die Brut und Vergiften anderer Tier und Gewürms: auch wider die Würm im Leib / davon den Kindern ohnmächtig wird / ist dies Gehürn dienstlich und gesund.

Gegen die Fallsucht hilft es im Gemenge mit weiteren kostbaren Ingredienzen:

> Zur fallenden Sucht / sagt Herr Geßner / hab er mit Nutz und Gesundheit der Kranken / ein Triet (Aufguß) lassen machen aus diesem Eingehürn / hab dazu getan Agtstein (Bernstein, auch Ambra) / geschaben Elfenbein / geschlagen Gold / Corallen / mit Anderem / das hab er grob stoßen lassen / und in ein seiden Säcklin getan in Wasser / darinnen Meertrübel (Heilpflanze) / Cimmet und Anderes eingesotten / gelegt / und das gebraucht. Doch hab er andere Artznei daneben nit versäumt noch unterlassen.

Die bei weitem wichtigste Wirkung hat die Hornsubstanz als Gegengift. So einer Gift gegessen hat und schon aufschwillt: ein wenig Einhornpräparat macht ihn gesund. Dem ärmeren Patienten genügt dazu ein wenig Hornmehl, suspendiert in einem Becher Wein; das vermögendere Opfer wird einen silbernen oder goldenen Becher vorziehen, in dessen Wand ein Span des Horns eingelassen ist; der wahrhaft reiche Mann trinkt seinen Wein aus einem massiv hürnenen Becher und ist so vorbeugend vor jeder Vergiftung geschützt:

> So sagt man / daß aus dem selbigen Horn Trinkgeschirr mache / und wer aus der selben Trinkgeschirr einen trinke / des selben Tags möge er nit krank werden. Ja obgleich einer wund würde / so tue es ihm doch nit weh: durchs Feuer möge derselbe unverletzt laufen: und kein Gift möge ihm Schaden bringen / ... Deshalben so sei es ein königlich Trinkgeschirr / ...

Auch vor dem Überschreiten der Promillegrenze bewahrt der Einhornbecher wirksam:

> Wie vor gesagt / so trinken die indischen König aus diesen Trinkgeschirren / von diesem Gehürn gemacht: und als Apollonius den König fraget / warum er eben aus diesem Geschirr trunke / antwortet er: Hieraus getrunken macht nit voll oder betrunken / als wollt er damit anzeigen / daß dieses Gehürn auch wider die Völle wäre.

Diese wunderbaren Eigenschaften des Horns weiß der immer geschäftstüchtige Medikamentenhandel in der Werbung noch zu übertreiben. Gesner warnt davor:

> Es ist auch falsch und ein Betrug / daß man sagt / wo Eingehürn liege und Gift darzu komme / so schwitze das Eingehürn: es darf wohl sein / daß es zu Zeiten schwitze / als andre harte gantze Leiber / als da sind Stein oder Glas / an denen außwendig etwa Dämpf und Feuchtigkeiten gefrieren und dann wieder zergehn: daran das Gift kein Ursach gibt.

Die Schwierigkeiten bei der Materialbeschaffung und die Beliebtheit der Einhornpräparate bestimmen den hohen Preis des echten Einhorns:

... das rechten Eingehürns gibt man so teuer / daß man es mit Gold abwiegt und vergleicht: das Quintli (rund vier Gramm) gilt fast ein Gulden / Kronen / oder Ducaten. Auch findet man des Marks / das dann härter ist denn die Rind / ein Quintli um V oder VI creutzer zu kaufen / so ungleicher Kauf ist darauf.

Ein Preisvergleich sei erlaubt: 1449 wurde die ganze Burg Guttenberg bei Bergzabern mit allen Rechten und Besitztümern für sechstausend rheinische Gulden verkauft. In Erinnerung an diese goldene Zeit nennt noch heute mancher Apotheker seinen Laden Einhornapotheke. Kostbarkeiten werden von alters her im Tresor verschlossen, auch das Horn des Einhorns. So wird berichtet: 1448 lagerten gleich zwei der Hörner in der Schatzkammer der Sankt-Markus-Kirche zu Venedig, von wo sie ein stiller Schränker über Nacht entfernte. Das kam aber heraus, und der Dieb wurde aufgehängt:

M. Antonius Sabellicus schreibt / in der Venediger Histori am 26. Buch ein Diebstahl / der deshalb / daß Eingehürn dabei gewesen / dem Leser nit unlustig / oder verdrüßlig sein soll / und aller Oberkeit ein Warnung: und das hat sich zugetragen ungefärlich im Jahr 1448.

Der Fürst Borso von Este kam nach Venedig und wurde herumgeführt zu allen Sehenswürdigkeiten, unter anderem auch zu den Schätzen in der Kirche Sankt Markus. Ein Candiot (Kreter) oder Grieche namens Stammato schlich sich seiner Gefolgschaft zu, sah die enormen Reichtümer und beschloß zu handeln.

Jeweils nachts nahm er eine der Marmortafeln von der Wand, hinter welcher der sonst wohlverschlossene Schatz ruhte, und entfernte das Mauerwerk. Morgens hing die Tafel wieder an ihrem Platz. Sparen wir uns die Einzelheiten wie jene, daß er den Abraum nächtens in der Schürze an einen unverfänglichen Platz brachte und anderes. Jedenfalls brach er tatsächlich nach vielen Nächten harter Arbeit durch das Mauerwerk und schaffte nach und nach fast alle Kostbarkeiten beiseite, dabei auch

... zwei Eingehürn / die über alle Summa aus geschätzt werdend.

Dieser perfekte Coup endete jedoch tragisch, weil Stammato offensichtlich zuviel Vertrauen in seine Mitmenschen setzte:

Wie man aber sagt / Kleins ward nie gesponnen / es kam an die Sonnen / und obgleich dieser Diebstahl nit wäre geachtet worden / verriet sich der Schelm selbst. Denn er hat ein Gevattern / genannt Zacharias Grill / auch ein Candiot (Kreter) / von gutem Herkommen / überaus ein frommer Mann: den selben führt der Dieb für den Fronaltar / und ließ ihm da ein Eid schwören / den Geheimnis nit zu eröffnen: ja er mußt das Sacrament mit ihm nehmen. Nach dem selbigen führt er ihn zu haus / und zeigt ihm den tapfern Diebstahl. Zacharias erschrak darob / und wollt davon fliehen. Da das Stammato ersah / wollt er ihn erstechen. Zacharias sagt: Die Verwunderung so eins großen Schatz machte ihn wahnwitzig. Indes schenkt ihm Stammato ein schönen edlen köstlichen Stein / der jetzt vorne in des Fürsten Barett ist. Zacharias tät als ob er daheim Geschäft hätte / lief eilends dem Palast zu / und wie er für den Herzogen kam / zeigt er den wunderbaren Diebstahl an.

Da das der Herzog ersah / schickt er die den Dieb fingend / und ward also der Schatz unversehrt dem Rat wieder. Sie meinen der Diebstahl hab sich beloffen auf zwen Million Golds. Der Dieb ward gehenkt / Zacharias wohl begabet / und mit jährlicher Provision sein Leben lang verforget.

Nicht nur Diebe mühen sich um das Horn, auch Schwindler schalten sich in den Handel mit der kostbaren Ware ein, Fälschungen werden für echt angeboten. Darum ist es nötig, das Horn genau zu beschreiben und die Tricks der Fälscher aufzuzeigen:

... / sein Farb ist weißfalb. Und ist diese Art Gehürns / so Du darein beißest / gut zu zerreiben / und nit zäh wie die Hörner: deshalb an der Farb und anderen Wahrzeichen / schier ein Betrug anzeigend / als ob es etwa sonst eines Tiers gebranntes Horn wäre / und mit Spezerei / so dazu gemischet / wohlschmeckend gemacht / oder also glühend in wohlriechenden Wassern ausgelöscht.

Der vorsichtige Kunde wird beim Kauf ohnehin Qualitätsproben anstellen:

Etlich wollen das recht natürlich Eingehürn also probieren: Man gibt zweien Tauben Arsenik zu essen / der einen gibt man ein wenig Eingehürns zu trinken / bleibt sie lebendig / so ist das Eingehürn gerecht / so die andere stirbt.

Was ist das Einhorn wirklich?

Im späten Mittelalter war das Einhorn ein Übertier, beladen mit religiöser Symbolik, Zeichen ungeheurer Kraft, von sagenhafter medizinischer Wirkung. Das aufkommende wissenschaftliche Denken hat dann engherzig und poesielos Beweise für die zoologische Existenz des Einhorns verlangt. Im 17. Jahrhundert

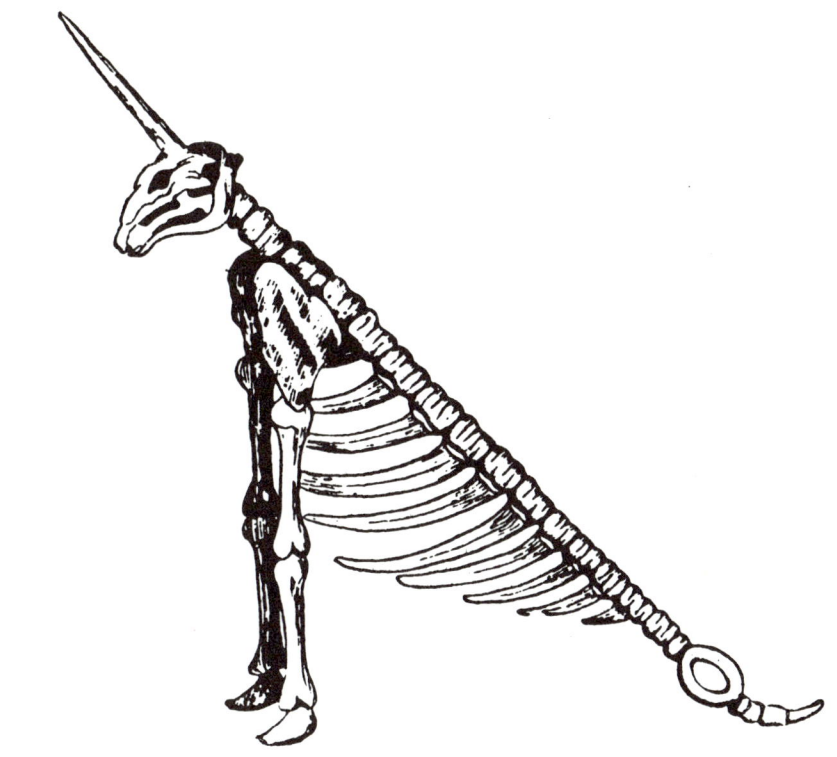

Das Einhornskelett von Quedlinburg (Leibniz)

wurden bei Quedlinburg aus dem Kalk eine große Zahl von Mammutknochen ausgegraben. Aus diesen Knochen konnte ein Einhornskelett rekonstruiert werden. Prominenter Zeuge dieses gelungenen Versuchs war Otto von Guericke, Bürgermeister zu Magdeburg, der seine Zeit mit neuen Erfindungen bereicherte. Leibniz hat darüber berichtet und das bemerkenswerte Skelett in seiner „Protogaea" abgebildet.

Heute streiten sich die Gelehrten, wie weit ausgegrabene Mammutzähne, die langen Zähne des Narwals oder das Horn des einhornigen indischen Panzernashorns zu den Vorstellungen vom Einhorn beigetragen haben. Ein Streit der Blinden, wie ein chinesischer Schriftsteller des 9. Jahrhunderts auf seiner Lehrtafel beweist, die hier nach einem Bericht von Jorge Luis Borges zitiert sein soll: „Es ist nicht immer leicht zu finden, und es eignet sich nicht dafür, in irgendeine Gruppe eingegliedert zu werden. Es ist nicht wie das Pferd oder der Stier, der Wolf oder der Hirsch. Unter derartigen Umständen könnten wir einem Einhorn begegnen, ohne mit Sicherheit zu wissen, daß es ein solches ist. Wir wissen, daß jenes Tier mit Mähnenhaar ein Pferd ist und daß jenes mit Hörnern ein Stier ist. Wir wissen aber nicht, wie das Einhorn ist."

VON EINEM TIER SU

Su bedeutet patagonisch Wasser, und so haust dieses Tier in Patagonien in der Nähe von Gewässern. Es raubt, es ist scheußlich anzusehen, und wird deshalb von den patagonischen Jägern unerbittlich verfolgt. Sie fangen es in Gruben und erschießen es mit Pfeilen. Aus seinem Pelzwerk fertigen sie Kleider. Das wenig sympathische Tier ist rührend um seine Jungen besorgt. Naht Gefahr, nimmt es die Welpen auf den Rücken, deckt sie mit seiner buschigen Rute und flieht mit ihnen.

Su, ein Tier aus dem kalten Patagonien, dem südlichsten Zipfel Argentiniens.

Das Tier Su – am linken Bildrand mit erhobenem Schweif – in seinem natürlichen Lebensraum.

VON MERKWÜRDIGEN HASEN

Vom unerschöpflichen Rocken der Jägerseele spinnt sich ein endloses Garn, und mit fortschreitendem Abend werden die Treiben abenteuerlicher, die Hunde scharfsinniger, die Trophäen größer, und der Schweiß würzt das Bier. Da erzählt dann ein Jäger vom gehörnten Hasen (Lepus cornutus), der im Sachsenland gejagt wird. Gesner hat ihn in sein Werk aufgenommen.

Wer das Latein nicht glaubt, dem werden zum Beweis Trophäen mit unterschiedlicher Sprossenzahl vorgelegt, wie unsere Bilder sie zeigen.

Jagdtrophäen vom gehörnten Hasen (Gesner). Dieser Präparatorenspaß soll noch heute vorkommen.

Zur selben Familie wie der gehörnte Hase gehört der Doppelhase, der zwei Paar Ohren, vier Paar Beine und zwei Schwänze sein eigen nennt. Die Anordnung seiner Beinpaare erlaubt es ihm, in Fällen der Bedrohung mehrere Tage hintereinander ohne Pause zu fliehen. Münchhausen hat ein solches Tier aus seiner Jagderfahrung geschildert:

„Was meinen Sie, was ich nun fand? Vier Läufe hatte mein Hase unter dem Leib und viere auf dem Rücken. Waren die zwei untern Paar müde, so warf er sich wie ein geschickter Schwimmer, der auf Bauch und Rücken schwimmen kann, herum, und nun ging es mit den beiden neuen mit verstärkter Geschwindigkeit fort. Nie habe ich nachher einen Hasen von der Art gefunden, und auch diesen würde ich nicht bekommen haben, wenn mein Hund nicht so ungemeine Vollkommenheit gehabt hätte."

Münchhausen scheint – mit dem ihm eigenen Glück – das letzte Stück dieser einstmals verbreiteten Tierart erbeutet zu haben. In Aldrovandis Buch ist sie noch abgebildet.

Münchhausens Doppelhase, bereits dargestellt und beschrieben im Jahr 1642 bei Aldrovandi.

Lepus cornutus, der gehörnte Hase (Gesner)

VON DEM VIELFRASS

... und frißt und druckt und frißt und druckt und ...

Solche Tiere wurden zur Zeit Gesners im fernen Litauen beobachtet. Sie hatten die Größe eines Hundes; Ohren und Angesicht glichen denen der Katze, ein mächtiger Pelz, der in einer buschigen Rute endete, bedeckte den Körper; die Klauen waren scharf. Sein Appetit war ungeheuerlich und veranlaßte das Tier zur Zwangsentleerung:

Ein so merklich gefräßig Tier ist dieses / daß es nit zu glauben ist / hat ein sonderlich große Begierd und Lust auf dem Menschen Fleisch / von welchem es sich so voll frißt / daß ihm sein Leib davon gespannen wird: zu dieser Zeit es sich zwischen zwee enge Bäum durchstreift / sein Gefür oder Kot aus zu drucken / nach welchem es sich wiederum voll frißt / und wieder aus druckt / so lang, bis es nicht mehr hat ...

Das Fell dieses Vielfraßes – hat man ihn erst mit dem Pfeil erlegt – dient als kleidsames Pelzwerk, und allein Fürsten und reiche Herren dürfen es anlegen.

VON DEM WASSEROCHS (HIPPOPOTAMUS)

Er wohnt im Wasser und wird in der Bibel Behemoth genannt. Dazu das Buch Hiob: „Siehe, der Behemoth, den ich neben dir gemacht habe, frisset Heu wie ein Ochse. Siehe, seine Kraft ist in seinen Lenden und sein Vermögen in dem Nabel seines Bauchs. Sein Schwanz strecket sich wie ein Cedern, die

Der Wasserochse, das Wasserschwein oder das Wasserpferd vom Nil (Gesner)

Adern seiner Scham starren wie ein Ast. Seine Knochen sind wie festes Erz, seine Gebeine wie eiserne Stäbe ... Er liegt gern im Schatten, im Rohr und im Schlamm verborgen. Das Gebüsch bedeckt ihn mit seinem Schatten, und die Bachweiden bedecken ihn. Siehe, er schluckt in sich den Strom und achtet's nicht groß; läßt sich dünken, er wolle den Jordan mit seinem Munde ausschöpfen."

Weitere Details liefert Konrad Gesner in Bild und Text:

Der groß Fluß Nilus des Teils der Erden Africa genannt / gebiert viel der großen / scheußlichen Wundertieren als Crocodyl / und gegenwirtige / von den Griechen Hippopotamus genannt / auf Teutsch Wasserpferd / wird sonst auch gemeiniglich genannt ein Wasserochs / Wasserschwein / nach etlicher anderer Sprachen Bedeutung. Diese Tier sollend an ihrer Gestalt / Größe / Halshaar oder Stimm nit unähnlich sein den Pferden / wie wohl daß ihre Größe ungleich gesehen wird / ...

Die Wasserpferd wohnend eins Teils im Wasser / eines Teils auf der Erden: dann sie mögend nit ohne Wasser sein / müssend auch den Atem zogend haben. Sie gebärend auf der Erden an der Trockene / erziehend auch daselbst. ... Sie fressend allerlei Speis / Frücht / und sollend ein Stimm haben wie die Pferd / gantz fruchtbar sein als die alle Jahr gebärend. Dieses Tier bedunkt sich untauglich sein zu schwimmen.

Der Wasserochse bei ungewöhnlichem Mahle (Gesner)

Das erste Bild (S. 131) zeigt den Wasserochsen in seiner heimatlichen Umgebung. Er steht im Flusse Nil, und zu seinen Füßen tummelt sich ein Krokodil. Der Vegetarier mit den Roßzähnen verschmäht offenbar an manchen Tagen (Freitag?) die Fleischkost nicht, wie das nächste Bild (unten) zeigt.

VON DEM FAULTIER

In seinem Werk „Einzelheiten über das antarktische Frankreich, anderwärts auch Amerika genannt" beschreibt der Frühgaullist P.A.Thevet 1555 ein Faultier und liefert eine Skizze dazu. Ein Tier wie ein Bär ist zu sehen, mit langen, scharfen Krallen und einem fröhlichen Menschenkopf. Eine solche Wundergestalt erforschen zu wollen, meint Thevet, sei „impertinent", denn allein der Schöpfer selbst wisse, warum er das Faultier so und nicht anders geschaffen habe.

Das hat aber andere Reisende nicht daran gehindert, einige zusätzliche Kenntnisse über das Faultier zusammenzutragen. Gesner schreibt:

> Sein Speiß ist allein Laub von einem Baum derselbigen Landschaft. So es heimisch gemacht wird / so hat es den Menschen sehr lieb / begehrt auf seiner Schulter zu springen / welches die Einwohner nicht gedulden mögen / dieweil sie nackend und bloß wandeln / von wegen der Schärfe der Näglen. Diese Tier mögen von keinem Wasser oder Regen genetzt werden /...

Als Merkwürdigkeit sei nachgetragen, daß das träge Tier jeder Haarpflege abgeneigt ist. Seinen Scheitel, den es auf dem Bauch trägt, hat Mutter Natur ihm ein für alle Mal gekämmt. Sein Haar ist dicht von winzigen Grün- und Blaualgen besiedelt, die das Fell grünlich schimmern lassen, und in diesem Dschungel brüten Falter und andere Insekten.

Eine meisterhafte Darstellung vom zufriedenen und ausgeglichenen Wesen des Faultiers (Gesner)

VON EINEM BESONDERS MERKWÜRDIGEN TIER,

dem Animal africanum deforme, gibt Aldrovandi in seiner „Monstrorum historia" ein Bild. Der Kopf zeigt gegen Morgen, der Schwanz gegen Abend, die Augen- und Ohrenpaare sehen und hören rundum, und die Zahl seiner Beine, die in alle Richtungen der Windrose weisen, entspricht der Stundenzahl des Ziffernblatts.

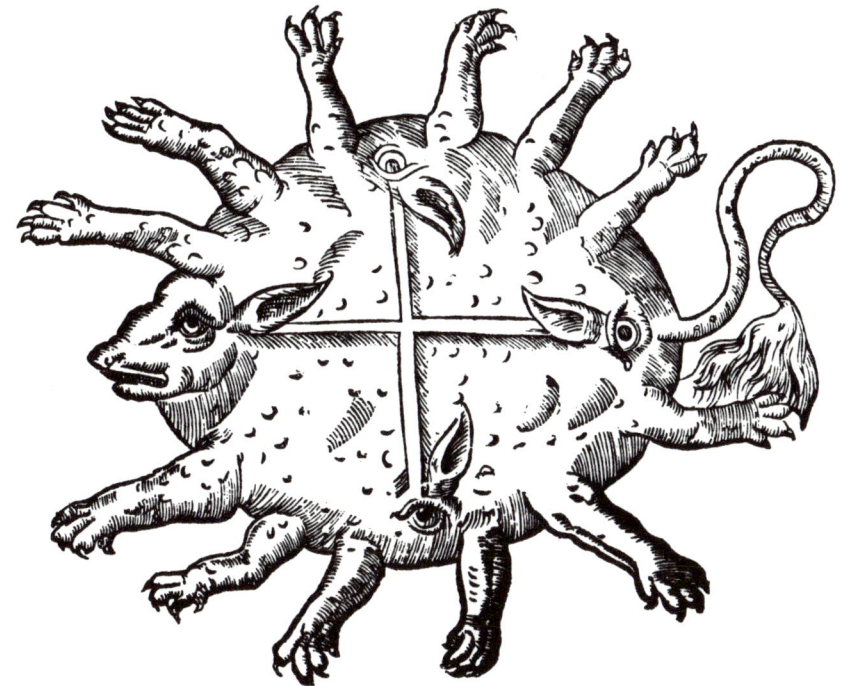

Afrikanische Mißbildung (Aldrovandi)

VON EINEM TIER MIT KLEINEN SCHRITTEN

George Langelaan hat Berichte über ein sonderbares Tier zusammengetragen, das im Meer lebt und über Land laufen kann. Seine Spuren wurden in England, Holland und auf den Kerguelen-Inseln gesehen und verfolgt. Da waren kleine, hufeisenförmige Abdrücke von etwa zwölf auf acht bis neun Zentimeter zu sehen, denn stets lag Schnee, wenn das Tier an Land kam, und die Fährte ließ sich weithin verfolgen. Sie begann am Strand, ganz so, als sei das Tier dem Meer entstiegen, und lief in schnurgerader Linie unaufgehalten über Dörfer, Wälder, Gehöfte, über Mauern und Hausdächer, durch Wasserarme und Seen, unter Sträuchern hindurch. Kein Hindernis achtend, verlief sie, immer ein Abdruck genau 28 Zentimeter hinter dem anderen, über 150 bis 200 Kilometer, entstanden in einer einzigen Nacht.

Zoologen kamen, staunten, diskutierten und gaben ihre Deutung ab: ein kleiner Esel, ein Wolf, ein Kaninchen, ein Steinbock, ein Känguruh, ein Vogel. Die Laien fanden diese Sammlung von Antworten unbefriedigend, einige zerbrachen sich den Kopf darüber, wie wohl der Esel und das Kaninchen auf die Dächer gestiegen sein sollten oder was das Känguruh nach England verschlagen haben mochte; die meisten aber dachten praktischer: Sie verriegelten die Türen und hielten Kinder und Hunde im Haus. Bewaffnete Männer verfolgten die Spur über ihre volle Länge und fanden nichts. Die Fährte endete wieder im Meer. Alte Weiber behaupteten, der Teufel in Person habe die Landschaft besucht, und damit kamen sie der Sache so nahe wie die Zoologen zuvor.

Das geschah in den Jahren 1855 und 1913. Viel später, 1953 und 1954, wurde an der Themsemündung ein seltsames Tier angespült, das keinem bekannten Tier glich: etwa einen Meter lang und achtzig Zentimeter hoch war es, seine Haut schien rosa bis braun, glatt und hart wie eine Schweineschwarte; der Kopf war weich, mit zwei vorquellenden Augen, zwei Kiemen und scharfen Zähnen. Das Tier hatte kurze Beine mit hufeisenförmig angeordneten Zehen. Es wurde leider nicht genau untersucht, aber vielleicht war dies das Tier, das hundert und auch vierzig Jahre zuvor die lange Fährte hinterlassen hatte.

Von seltsamen Vögeln

Fossilfunde zeigen, daß im Lauf der Erdgeschichte immer neue Vogelarten in Erscheinung getreten und dann wieder von der Bildfläche verschwunden sind. Aus dem Sollnhofener Plattenkalk wurde der Urvogel Archaeopteryx geborgen, ein Tier, das im Begriff war, die Reptilien zu verlassen, aber bei den Vögeln noch nicht angekommen war.

Andere Vögel sind erst im Zeitabschnitt der menschlichen Geschichte aufgetreten und wieder verschwunden. Als Fossilien der Tradition liegen ihre spärlichen Überreste eingebettet und verborgen in alten Schriften und Bildern. Einige davon sollen hier vorgestellt werden.

VON DEM PARADIESVOGEL,

der fliegt oder liegt. Obwohl der Garten Eden zwischen Euphrat und Tigris, Pischon und Kusch gelegen haben soll, wird der Paradiesvogel gefunden, wo Muskat, Zimt und Gewürznelken wachsen – auf den Molukken. Paradiesisch schön ist sein Anblick, und Melchior Guilandin aus Padua, der den Vogel kennengelernt hat, schreibt an Konrad Gesner:

> ... / daß nämlich in der Insel Moluccis ein schöner Vogel erboren werde / von Leib nit schwer / aber von wegen der Federen (die er lang und ringweise ausgespreitet hat / also / daß sie einem großen Ring ähnlich) vermeint er einem im ersten Anblick sehr groß. Dies Vögelin ist von Leib und gar von Gestalt der Wachtel ähnlich / mit einem ungleich gefärbten Umkreis der Federen: doch ist derselbig gantz schön und wohl geziert / und allenthalben lieblich anzusehen. Der Kopf ist / als des Schwalmes (Rake) / großlich / nach der Größe seines Leibs. Die Federen so oben auf dem Kopf bis zum Anfang des Schnabels stehn / sind kurtz / dick / hart / ziferecht / und von gelber Farb als das reinste Gold / oder als die Strahlen der Sonnen glitzend. Die übrigen aber so unter dem Schnabel stehn / sind linder und zarter / und schön / blaugrün gefarbt / nit ungleich denen so die Entenrätschen am Kopf habend / wenn sie sich gegen den heiteren Sonnenschein kehrend. Der Schnabel ist auch etwas länger denn der des Schwalmens. Er hat keine Füß. Die Flügelfederen sind

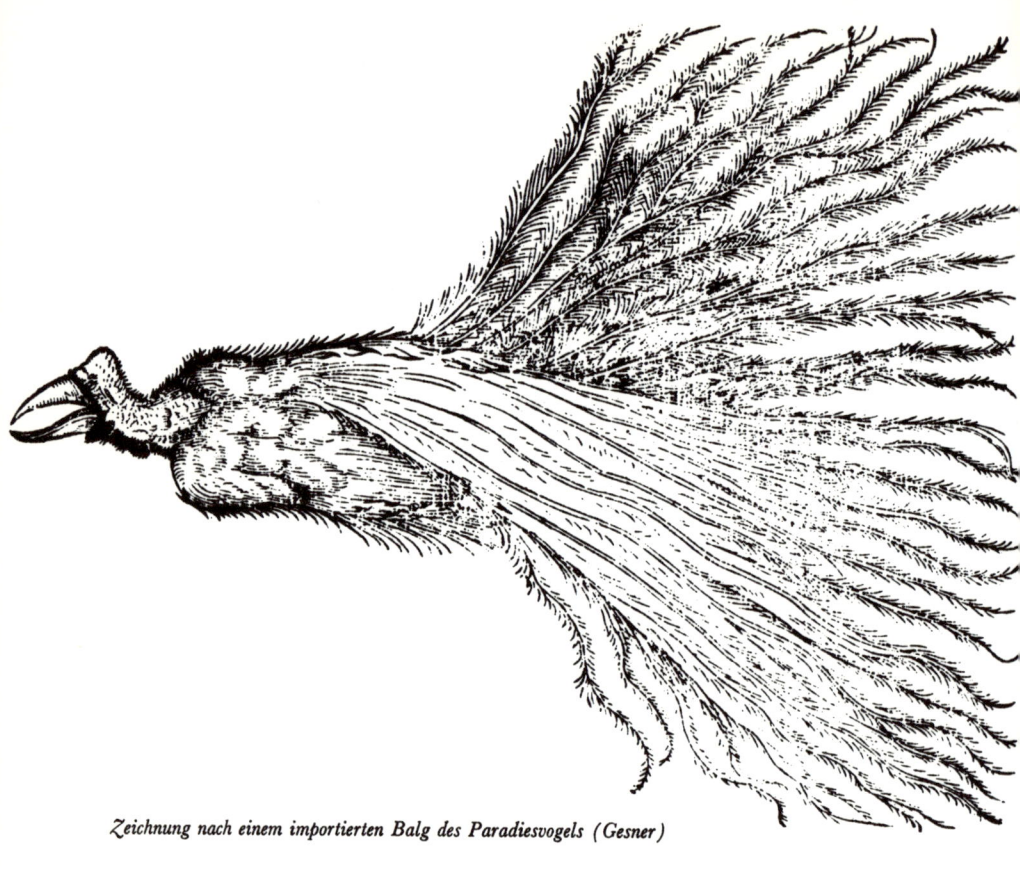

Zeichnung nach einem importierten Balg des Paradiesvogels (Gesner)

von Gestalt den Reihern gleich / allein daß sie zarter und länger sind / grau farb / braunglitzend.

Es wachsend aber an einer jeden großen Flügelfederen noch andere kleine Federen / wie Ästlin daran / dazu viel kleine Federlin / so über den Anfang der großen gewachsen und die selbigen gantz bedeckt / halber rot oder scharlachrot / im übrigen Teil aber saffrangelb / und schön goldfarb glitzend / welche ungleichen und vielfältige Farben ihn so wohl zierend / daß er gar lieblich anzusehen ist. Der übrig gantze Leib wird mit goldgelben Federn / ins Rot ziehend / bedeckt ...

Paradiesisch ist auch seine Lebensweise. Er haust auf den sanften Lüften über den pazifischen Inseln, seine Schwung- und Schwanzfedern bilden – ausgebreitet – ein gefiedertes Rad, und da besteht „kein Zweifel, daß er also ohn Arbeit von Luft aufgehalten werde". Füße braucht er nicht, lebendig sucht er den Erdboden nicht auf, er existiert nur in der Atmosphäre, und seine Speise erhält er aus dem Himmel:

Der behilft sich auch / als ich vermein / keiner anderen Speis denn des Himmelstaus / welches dann sein Speis und Trank ist: darum hat ihn die Natur dazu verordnet / daß er in den Lüften wohnen möge. Daß er aber von der reinen Luft leben möge / oder diese esse / ist der Wahrheit nit gleich / dieweil dieselbig viel zu zart ist. Daß er Tierlin esse / ist auch nit wohl möglich: darum / daß er dort nit wohnet noch Junge machet / wo er Tierlin finden möcht.
Man findet auch solches nit in ihrem Magen / als wie bei den Schwalmen.

Und er stirbt allein aus Altersschwäche. Tot fällt er dann auf die Erde nieder, und die Anhänger Mohammeds glauben, er sei direkt aus dem Paradies herabgefallen. Mamucodiata, das ist „Vögelein Gottes", nennen sie das Tier.
In den Lüften liebt der Paradiesvogel, und im Äther brütet das schwebende Paar seine Jungen aus, innig dabei verbunden:

Des Männlins Rücken hat inwendig einen Winkel / und in diese Höhle verbirgt (als der gemein Verstand ausweist) das Weiblin seine Eier: dieweil auch das Weiblin einen hohlen Bauch hat / daß es also mit beiden Höhlen die Eier bebrüten und ausschlüpfen mag. Dem Männlin hanget am Schwantz ein Faden / drei Zwergen Hand lang / schwarz gefärbt / der hat die Gestalt zwischen rund und vierecket: er ist auch weder zu dick noch zu zart / sondern einem Schuhmacherdraht fast ähnlich: und mit diesem soll das Weiblin / dieweil es die Eier brütet / steif an das Männlein gebunden werden.

Für die Menschen ist der Paradiesvogel eine besondere Gabe; Maximilianus Transsylvanus, Geheimschreiber am Hof Kaiser Karls V. von Habsburg, beschreibt ihre Bedeutung: „Das Kostbarste aber war zweifellos ein sehr schöner Vogel, der nach dem Glauben der Insulaner aus dem Paradies stammen soll. Wer diesen Vogel besitzt, ist sicher vor Verwundungen und unbesiegbar in der Schlacht."
Für Karl V. wurden von der langjährigen Weltumseglung Magellans fünf der über alle Begriffe kostbaren Tiere mitgebracht. Danach lachte dem Kaiser mehrmals das Kriegsglück. Er gewann die Schlacht von Pavia, erstürmte Rom, kämpfte mit Erfolg in Tunis und siegte schließlich im Schmalkaldischen Krieg.
Das Paradies erstreckt sich über die ganze Erde, nicht nur über Indonesien, und so sind an vielen Orten die schönsten Vögel als Paradiesvögel angesehen worden. Auf dem Nil, der dem Paradies direkt entspringen soll, lebt ein solches Tier, in bestimmten Teilen Italiens wurde der Eisvogel als Irrgast aus dem Paradies gesehen, in Venedig der Wiedehopf. Die Frage bleibt unbeantwortet, welcher von allen authentisch ist.

VON DEM VOGEL PHOENIX,

der sich selbst verbrennt. Aus Arabien kommt der Vogel Phoenix, den es immer nur in einem Exemplar auf der Welt gibt. An Gestalt und Größe gleicht er einem Adler, golden ist sein Hals und karmesinrot sind seine Flügel befiedert, sein Schwanz ist rosenfarben mit goldenen Streifen. Auf dem Haupt trägt er einen schönen Kamm. Er „ist aus der Maßen schön zu sehen an der Sonne, weil er gar eine adelige Farbe hat", sagt Montevilla.

Nach uralter Vorstellung inszeniert dieser Vogel seinen Tod mit Würde. Ist er ein Greis, so baut er ein Nest aus Gewürzen und Spezereien, setzt sich hinein und stirbt. Aus seinen Gebeinen steigt er verjüngt hervor. Tacitus und andere haben diesen Vorgang noch dramatisiert und Tod und Wiedergeburt durch einen feurigen Mechanismus miteinander verbunden: Der alte Phoenix baut sich einen Scheiterhaufen aus Cassia und Myrrhen, verbrennt sich selbst und stirbt. Man findet dann nichts als Asche und Knochen. Am nächsten Tag läßt sich in der Asche ein Würmlein entdecken, den dritten Tag ist das Würmlein zum Vogel geworden, ist vollkommen an allen Federn und fliegt am vierten Tag.

Der verjüngte Phoenix bringt die Reste seines Ahnen nach Ägypten. Herodot beschreibt das so: „Zuerst macht er aus Weihrauch ein Ei, so groß er es zu tragen vermag. Hernach erprobt er das Gewicht desselben, und hat er es erprobt, so höhlt er das Ei aus, um den Vater hineinzulegen; und dann verschließt er mit frischem Weihrauch die Höhlung, worein er den Vater gelegt hat, wodurch, wenn der Vater darin liegt, wieder die nämliche Schwere herauskommt." Nach dieser Konservierung des Toten im Weihrauch und der präzisen Festlegung des Fluggewichts fliegt er den Vater nach Heliopolis, wo die Priester ihn beisetzen.

So ist der Phoenix ein Vogel, der sich fortpflanzt, aber nicht vermehrt, und wenn man ihn erblickt, hat man zugleich alle Generationen seiner Art vor sich, die je gelebt haben, eine einmalige Rückschau für die Vogelkundler.

Leider ist der Phoenix ein seltener Vogel. Nur alle 500 Jahre einmal unternimmt er seine Selbstverbrennung und entschließt sich zum Zug nach Ägypten.

Diese Zeitspanne hält er exakt ein, denn „ohne Arithmetik weiß der Phoenix die Zahl von 500 Jahren als Schüler der weisen Natur zusammenzuzählen", stellt Aelianus fest. Den vogelschauenden Priestern in Heliopolis gelang bei aller Kenntnis der Mathematik die Berechnung des Ankunftsdatums weniger gut, und so gab es unter ihnen jährlich neuen Hader über den Zeitpunkt des Vogelzuges.

Da der Phoenix nur alle Jubeljahre erscheint, haben ihn nur wenige gesehen. Herodot scheint ihn von Bildern gekannt zu haben, die moderne Zoologie hat keine Abbildung mehr vorzuweisen. Seit ihrer Begründung sind keine 500 Jahre vergangen, das Tier wird noch erwartet, seine präzise Beschreibung und die Aufnahme in Scotts „Key to the Wildfowl of the World" stehen aus.

Die Lebensgewohnheiten des Phoenix sind – wie zu erwarten – kaum bekannt. Dante weiß zu berichten, daß er sich nicht von Gras und Kräutern ernähre, sondern feinschmeckerisch von des Weihrauchs Tropfen und von Balsam.

Aus der Asche des Phoenix und seinem Nestmaterial komponierten die Heilpraktiker des Altertums homöopathische Präparate und mußten sich dafür von Plinius, dem Naturforscher, verspotten lassen. In der Alchimie war der Phoenix Symbol für den Stein der Weisen, der ewige Jugend verleiht; in verschiedenen Religionen galt er als Sinnbild der langen Zeiträume und der ewigen Verjüngung.

VON DEM VOGEL ROCK,

der Elefanten verschleppt. Irgendwo, niemand weiß den Ort, steht ein gigantischer Baum, so hoch und so breitkronig, daß ewige Dämmerung unter seinem Laubdach herrscht. In seinem Geäst brütet der Vogel Rock. Zu bestimmten Jahreszeiten verläßt er seinen Horst und zieht in bewohnte Länder, nach der Mondinsel Madagaskar oder entlegenen Inseln des chinesischen Meeres, zu welchen man aber wegen der reißenden Strömung des Meeres nur schwerlich kommen kann. Nur dort wird er von Menschen gesehen und kann beschrieben werden. Sindbad der Seefahrer berichtet von seiner zweiten Reise:

„... da verschwand die Sonne ganz plötzlich, und der Himmel verfinsterte sich. Und weil ich die Sonne gar nicht mehr sehen konnte, so glaubte ich, eine Wolke sei wohl vor sie getreten. Aber es war ja Sommerzeit, und so wunderte ich mich darüber. Ich hob meinen Blick gen Himmel und sah genauer dorthin; und was sah ich da? Einen Vogel von riesiger Gestalt, von gewaltigem Leibesumfang und mit weithin ausgebreiteten Flügeln, der durch die Luft flog. Er war es, der die Sonne verhüllte und ihr Licht von der Insel fernhielt."

Wie eine Wolke so groß ist der Rock, sein Aussehen ähnelt dem des Adlers. Seine Stärke ist ungeheuerlich: Mit den Klauen kann er einen Elefanten packen, in die Wolken verschleppen und zum Nest tragen. Dort steckt er ihn seiner Brut als Futter in den Schlund. Gelegentlich scheint der Rock ein Ei in den Sand zu setzen. Sindbad findet eines und erlebt das Brutgeschäft:

„Als ich aber schärfer ausspähte, erblickte ich auf der Insel etwas Weißes von großem Umfang. Sofort stieg ich vom Baum hinab und ging darauf zu, immer geradeaus, bis ich es erreichte; und siehe, es war eine große weiße Kuppel, die hoch in die Luft emporragte und einen weiten Umfang hatte. Ich trat an sie heran und ging um sie herum, aber ich fand keine Tür in ihr noch auch hatte ich die Kraft und Gelenkigkeit, hinaufzuklettern, weil sie so überaus glatt war. Darauf machte ich mir ein Zeichen an der Stelle, auf der ich stand, und schritt ganz um die Kuppel herum, weil ich ihren Umfang messen wollte; und es stellte sich heraus, daß er fünfzig starke Schritte betrug... Wie ich aber noch so dastand, kam plötzlich jener Vogel auf die Kuppel herab, breitete seine Schwingen zum Brüten über sie aus, streckte seine Füße hinter sich auf den Boden und schlief ein."

Der Rock, so gewaltig er ist, legt Eier und brütet wie jeder andere Vogel in Scotts „Key to the Wildfowl of the World". Im Ei befindet sich ein einziges Junges. Reisegefährten Abd er-Rahmân el-Maghribis, genannt „der Chinese", untersuchten es genau nach Art der Naturforscher:

„Und nun begannen sie, mit Äxten und Steinen und Knitteln darauf loszuschlagen, bis sie den jungen Vogel bloßgelegt hatten; der war vor ihren Blicken wie ein festgegründeter Berg. Dann rissen sie eine Feder aus seinem Flügel; aber das konnten sie nur tun, indem sie alle einander halfen, obgleich die Federn dieses Tieres noch nicht voll ausgewachsen waren. Ferner nahmen sie von dem Fleische des Vogels so viel, wie sie tragen konnten, und trugen es mit sich fort."

„Als aber der Vogel näher kam und sah, daß sein Ei zerbrochen war, fing er an zu schreien; nun kam auch sein Weibchen, und die beiden begannen über dem Schiff zu kreisen, indem sie dabei mit Stimmen, die lauter als Donner dröhnten, auf uns hernieder schrien."

Er begnügt sich nicht mit dem Zetern, sondern verfolgt gemeinsam mit seinem Weibchen die zu Schiff fliehenden Nesträuber mit seiner machtvollen Rachsucht:

„Aber da waren sie schon wieder hinter uns und kamen uns näher, und jeder von ihnen hielt einen großen Felsblock in den Krallen. Zuerst ließ das Männchen den Felsen, den es trug, auf uns herunterfallen; aber der Kapitän lenkte das Schiff rasch zur Seite, so daß jener Block uns gerade noch um ein kleines verfehlte. Er sauste ins Meer und unter das Schiff mit solcher Gewalt, daß unser Fahrzeug sich hob und dann wieder so tief hinabschoß, daß wir den

Meeresgrund sehen konnten. Dann ließ auch das Weibchen den Felsblock, den es trug, herunterfallen; der war wohl etwas kleiner als der erste, aber er traf nach der Bestimmung des Schicksals das Heck des Schiffes und zertrümmerte es." Das Schiff geht unter, und Sindbad allein wird gerettet.

Nicht immer vernichtet bei solchen Begegnungen der Rock den Räuber, seine Wurfgeschosse treffen nicht, und die Diebe kommen mit dem Schrecken davon. Sie haben eine kostbare Beute gemacht, denn das Fleisch des Rock ist – wie Abd er-Rahmân el-Maghribi schreibt – eine unübertroffene kosmetische Spezerei:

„Die Leute kochten jenes Fleisch und aßen es. Nun waren unter ihnen alte Männer mit weißen Bärten; als die am nächsten Morgen aufwachten, sahen sie, daß ihre Bärte schwarz geworden waren; und keiner von all den Leuten, die von dem Fleisch des jungen Vogels Rock gegessen hatten, wurde jemals grau."

So gefährlich der Vogel Rock ist und so gewaltig seine Stärke, so wenig ausgeprägt ist seine taktile Sensibilität. Ein Mensch wiegt ihm so viel wie eine Laus, und so kann das unempfindliche Tier von pfiffigen Arabern als Vehikel für Luftreisen benutzt werden. Auch das hat Sindbad der Seefahrer erprobt: Er band sich mit seinem Turbantuch dem schlafenden Rock ans Bein und ließ sich von ihm verfrachten:

„Als aber das Frührot aufstieg und der Morgen leuchtete, erhob sich der Vogel von dem Ei und stieß einen lauten Schrei aus. Dann stieg er mit mir gen Himmel empor, immer höher und höher, bis ich glaubte, er habe die Wolken des Himmels erreicht. Darauf ließ er sich langsam wieder herab und landete mit mir auf dem Erdboden, wo er sich auf dem Gipfel eines hohen Berges niedersetzte. Sowie ich den Boden unter mir fühlte, band ich mich eilends von seinen Füßen los."

Die Reise mit dem Rock ist nicht so komfortabel und nicht so frei von Gefahren wie ein Flug mit dem fliegenden Teppich der Märchen, aber dafür führt sie auch abseits der Linienflüge in unbewohnte Gegenden.

Seit vielen Jahren ist der Rock nicht mehr erblickt worden. Vielleicht ist er ausgestorben, denn seine Heimat, die unbewohnten Inseln, gibt es nicht mehr. Cook hat sie erschlossen.

Auch der Versuch der Wissenschaftler, den Rock zu klassifizieren, ist gescheitert. Zwar lebte zur Zeit Sindbads auf Madagaskar noch der Aepyornis maximus, ein Riesenstrauß, der Eier von neun Liter Fassungsvermögen legte. Aber dieses Tier war flugunfähig und die Eier doch zu klein, um ein elefantenfressendes Junges zu bergen. Und so muß ungeklärt bleiben, wer der Rock war und ist. Der Paläontologe Dacqué (1878–1945) behauptet, die Erzählungen über den Rock erinnerten an Zeiten, als die Vorfahren des Aepyornis noch flugtauglich und die Ahnen unserer Elefanten noch sehr klein waren.

Der Vogel Rock bietet willkommenen Anlaß zu ein paar allgemeinen Aussagen über die Tierwelt der Sagen und Mythen, denn überall auf der Erde haben die alten Kulturvölker in ihren Erzählungen dem Rock und dem Greif, dem Drachen und der Seeschlange gegenübergestanden. Sie führten damit dem Hörer unverkennbar eine echt erdmittelalterliche Tierwelt vor, Tiere, wie sie die moderne Paläontologie aus der Blütezeit der Saurier und der Entstehungszeit der Vögel beschreibt. Wie, so ist zu fragen, kamen die alten Kulturvölker, die sich nicht dazu hergaben, im Kot nach Fossilien zu schürfen und steingewordene Knochen zu vergleichen, zu dieser Kenntnis längst vergangener Tiere? Eine gesicherte Antwort auf diese Frage gibt es nicht, doch Dacqué hat eine phantasievolle Erklärung anzubieten, die gültiges naturwissenschaftliches Dogma mit Intuition erweitert:

Darwin und seine Schüler haben gelehrt, daß das Leben im Wasser begonnen hat. Der Mensch hat sich dann im Lauf der Erdgeschichte durch alle Stadien des einzelligen Wassertiers, des Wurms und des Fisches, des Amphibs und des Säugers bis hin zum urmenschlichen Primitivling hindurchentwickelt. Dacqué sagt, das heiße nichts anderes als: Der Mensch war einmal Amöbe, Fisch und Amphib, und das ist nicht spurlos an ihm vorübergegangen. Trotz aller Entwicklung steht der Mensch verwurzelt in den uralten Zeiten seiner ungestalten Vorfahren und ist seit damals mit einer lebendigen Erbschaft an Körper und Geist begabt. Für den Körper ist das allgemein akzeptiert, wiederholt doch jedermann in seiner Embryonalentwicklung die Reise durch die Stammesgeschichte vom Einzeller zum Menschen; der Wurmfortsatz an unserem Dickdarm und der dichte Pelz des Ungeborenen verraten unsere Vergangenheit. Dacqué sieht solche Erinnerungsstücke auch im Geist des Menschen. Er ist unbewußter Gattungsinstinkte und eines unbewußten Gattungsgedächtnisses teilhaftig, das zurückreicht bis ins Erdmittelalter. Die ungeheuren Wesen aus Sage und Mythen sind nach seiner Auffassung angeborene Bilder vom Feind – wie der Schattenriß des Raubvogels für den Sperling –, und zwar aus einer Zeit, als solche Gegner noch tatsächlich existierten; heutzutage freilich sind diese Feindbilder irgendwo im alten Teil des Gehirns gespeichert, doch immer noch abrufbar. Wurde dieses Erbe intuitiv berührt, warf es sein Licht in die Erzählungen der Priester und Schamanen und gelangte in langer Tradition in unsere Märchen.

VON DEM VOGEL GREIF,

der alles weiß. Ist die hervorstechende Eigenschaft des Vogels Rock seine gewaltige Stärke, so kommen beim Greif scharfblickende Klugheit und Sehergabe hinzu. Auch er ist ein Geschöpf der orientalischen Welt. Aelianus nennt ihn ein indisches Tier, die Brüder Grimm siedeln ihn am Roten Meer an. Der Greif muß oft mit Menschen zusammengekommen sein, denn sein Aussehen ist genau bekannt: Das Tier ist – wie Aelianus aufzählt – vierfüßig wie die Löwen und hat gewaltig starke Klauen. Auf dem Rücken trägt es Flügel wie ein Adler, sein Leib ist mit schwarzen Federn bedeckt, am vorderen Teil auch mit roten Federn; die Flügel sind weiß. Kopf und Hals gleichen dem Adler, der Hals ist mit dunkelblauen Federn geblümt, die Augen flammen: ein eindrucksvolles Wappentier. Seine Stärke kommt der des Vogels Rock gleich: Sein Leib ist wie der von acht Löwen und seine Kraft größer als die von hundert Adlern. Menschen vermag er fortzuschleppen, auch einen Ochsen mitsamt dem Pflug und dem pflügenden Bauern dazu. Seine Zehe ist länger als eines Ochsen Horn, und von seinen Federn macht man die besten Bogen zum Schießen.

Zu dieser Kraft kommt seine Weisheit. „Er frißt Menschen und weiß alles", schreiben die Brüder Grimm über ihn, und in ihrem Märchen „Der Vogel Greif" weiß der Greif auf jede Frage die passende Antwort.

Der Greif im Wappen von Stargard bei Stettin (Meyers). Er steht wie der Löwe immer im Profil.

Trotz seiner Klugheit und Stärke wird der Greif von Menschen erfolgreich gejagt. Gesner erzählt, wie das zugeht:

>Damit aber die Einwohner diese Vögel fangen / binden sie zween Ochsen an einen Wagen / welcher an Stein gebunden ist / nahe bei dem Wagen aber ist ein Häußlein / darin der Jäger verborgen liegt / welcher Wasser und Feuer bei sich in Bereitschaft hat / und wann der Vogel kommt / und die Klauen in den Ochsen geschlagen hat / denselben aber weder hinwegtragen / noch die Klauen daraus ziehen kann / so zündet ihm der Jäger seine Flügel an / und wann dieselbe verbrennet / also / daß er nicht mehr fliegen kann / löschet er das Feuer mit Wasser / und fängt ihn.

Alles weiß der Greif also nicht, das zeigt auch die Beschreibung seines Nestes: Auf den Bergen Indiens errichtet er es aus frisch gegrabenem Gold und brütet darin seine begehrten Greifeneier aus, die in mittelalterlichen Kirchenschätzen und fürstlichen Schatzkammern als Kostbarkeiten gezeigt wurden. Eiersammler und gierige Goldsucher stören sein Brutgeschäft: Im Mondschein schleichen flinke braune Inder zu Tausenden mit Säcken und Schaufeln zum Nest und stehlen dem schlafenden Greifen das Gold aus der Nestwand. Das gestohlene Gold lagerte noch vor kurzer Zeit in den Schatzhäusern der Maharadschahs, der Greif selbst aber ist verschwunden; sein Nestbau ist unmöglich geworden, seit das Gold unter Tage abgebaut werden muß.

Die Zoologen haben den Greif nie aufmerksam studiert. Gesner schon sagt:

Dieſer Vögel gedenken mehr die Geſchichtſchreiber / als die Philoſophi und Naturkündiger.

Die Vorstellung vom Greifen ist bis heute praktisch unverändert geblieben. Das zeigt diese Zeichnung nach einem etwa 2000 Jahre alten babylonischen Siegelzylinder (aus Dacqué).

Sein Leib ist wie der Leib von acht Löwen und seine Kraft größer als die von hundert Adlern: der Greif.

147

VON DER BERNIKELGANS

Sie wächst auf Holz. Seltsame Vögel schreiten auf seltsamen Wegen zur Fortpflanzung, der Phoenix hat es gezeigt. Er wird übertroffen von der Bernikelgans und ihren Verwandten, Meeresvögeln, die auf Bäumen oder faulendem Holz heranwachsen. Giraldus berichtet,

„daß auf einer Insel am Strande, wo sich viele Überreste von alten, verfaulten Wracks vorfinden und verrottete Baumstämme durcheinanderliegen, auf diesem morschen und schwammigen Holz sich eine Art Schaum oder Schleim oder Zunder in scharfgespitzten Muschelschalen von weißlicher Farbe bildet. Das eine Ende dieser schleimigen Masse ist an der Innenseite der Muschel befestigt; das andere Ende ist weiter unten am Bauche fest, und das Ganze nimmt allmählich die Gestalt eines Vogels an. Wenn er voll ausgebildet ist, öffnet sich die Schale, und zuerst erscheint das erwähnte Band, mit dem er an der Schale hängt; dann strecken sich die Beine eines Vogels hervor, so daß sie heraushängen, und wie er wächst, öffnen sich die Schalen weiter, bis allmählich das ganze Tier zum Vorschein kommt, nur noch am Schnabel hängend. Kurz darauf kommt es zur vollständigen Reife und fällt in die See, wo es Federn bekommt und zu einem Vogel heranwächst, nicht ganz so groß wie eine Gans, mit schwarzen Beinen und schwarzem Schnabel und weiß und schwarzen Federn am Leibe, ähnlich wie unsere Elstern gescheckt. Sie sind in Lancashire unter dem Namen Baumgänse an geeigneten Stellen so allgemein, daß man eine für drei Pence kauft."

Ähnlich lernt Sindbad der Seefahrer den Vogel kennen, der aus einer Muschel schlüpft und nie das Land besucht.

Die Wildform der Bernikelgans wird also auf Treibholz erbrütet und gejagt. Ihre domestizierte Verwandtschaft schlüpft aus den Früchten bedecktsamiger Bäume, die die Bauern der Insel Irlandia abernten. Rashid Eddin, der Perser, hat es beschrieben:

„Zu den Wundern des Landes gehört auch ein Baum, welcher Vögel erzeugt. Dies geschieht in folgender Art: In der Blütezeit sieht man eine Art von Säckchen an dem Baume, und in diesem Säckchen steckt der Vogel mit dem Schnabel. Ist die Frucht reif, so pickt der Vogel sie selbst auf und kommt heraus. Man füttert ihn zwei Jahre, binnen welcher Zeit er die Größe einer Gans oder Ente erreicht. Er ist die gewöhnliche Speise der Leute dieses Landes."

Und Montevilla bestätigt: „Wir finden auch in Hibernia (alter Name Irlands) vielerlei Bäume, die tragen Früchte, die zu Vögeln werden und gut zu essen sind. Diese Bäume wachsen gern überm Wasser, und die Früchte, die aufs Land fallen, verderben, und die aufs Wasser fallen, daraus werden Vögel."

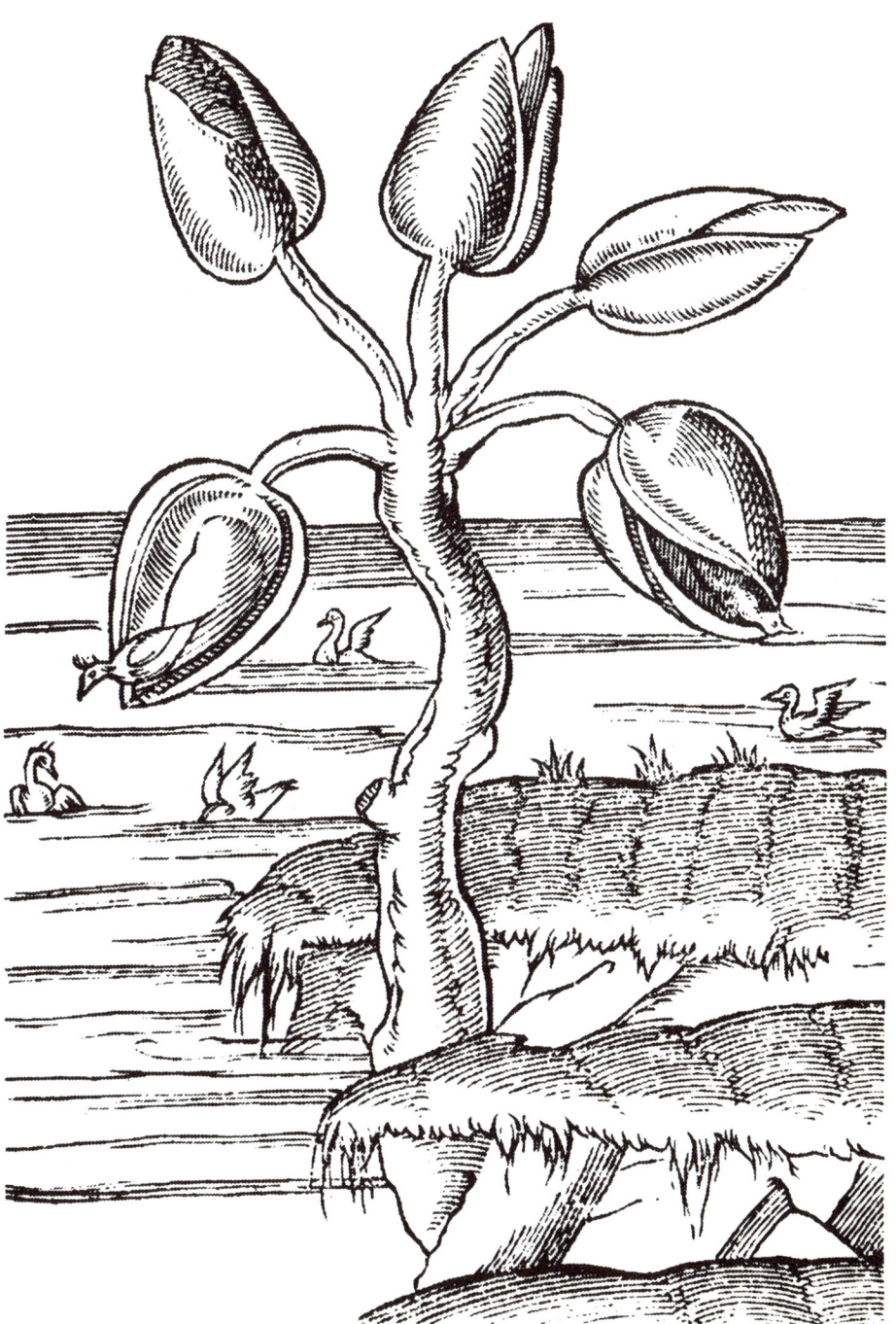

Da sich die Bernikelgans nur auf dem Wasser entwickelt, wurde sie mancherorts im Mittelalter zu den Fischen gezählt und war somit eine willkommene Fastenspeise (aus Bettex, nach Duret).

Den Zoologen erscheint solche Metamorphose von Baum zu Vogel oder von Muschel zu Vogel ausgeschlossen. Sie bieten an, daß die kosmopolitische Entenmuschel Lepas das Muster für die Berichte von der Bernikelgans abgegeben habe. Der interessierte Leser mag sich die Abbildung der Entenmuschel anschauen und selbst seine Schlüsse ziehen.

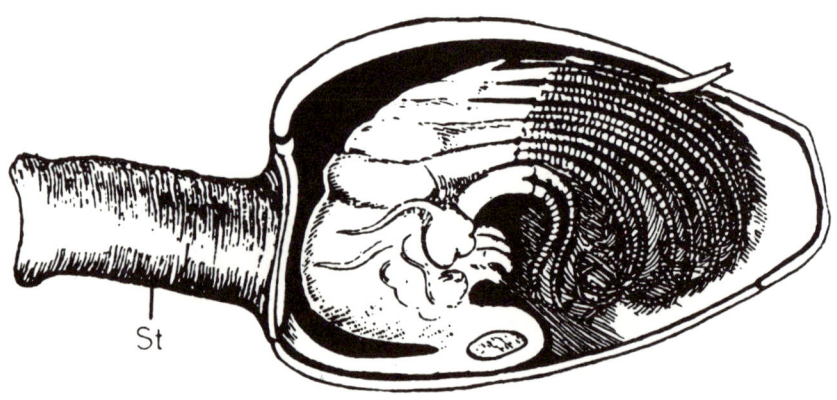

Die Entenmuschel Lepas, ein Krebs, der mit dem Stiel (St) an Treibholz und dergleichen haftet (Kästner).

VON EINER VIERFÜSSIGEN GANS

Dieses Tier erinnert an den Doppelhasen. Es erscheint als Zwischenglied (missing link) zwischen der Klasse der Tiere mit drei Paar Gliedmaßen (von den Zoologen Hexapoda, das ist Sechsfüßer, genannt) und den vierfüßigen Wirbeltieren. Diese Gans verbindet Merkmale beider Klassen, von den Hexapoda hat sie die drei Gliedmaßenpaare, von den Wirbeltieren den Rest. Sie schwimmt und läuft sehr ausdauernd und hat an Land weniger Schwierigkeiten mit dem Gleichgewicht als die normale Gans.

Gänsemonster mit Reservebeinen (Aldrovandi)

Von ungewöhnlichen Kreuzungen

Die tägliche Beobachtung lehrt in Übereinstimmung mit den bewährten Regeln der Vererbungslehre, daß fruchtbringende Paarung allein zwischen Tieren stattfindet, die einer gemeinsamen Art angehören. Allerdings erlaubt die Natur im Notfall Ausnahmen. Dann führt ein Fehltritt zwischen Individuen verschiedener, wenn auch nahe verwandter Arten zur Aufzucht illegitimer Sprößlinge. Bekannt ist das Maultier, ein Kind von Pferd und Esel, sagenhaft sind die Leporiden, Bastarde von Hase und Kaninchen.

Die moderne Genetik müht sich, die Schranken zwischen Arten durchlässiger zu machen; allein, nur bei Bakterien ist ihr das bisher gelungen, und von den Zuchtzielen des eierlegenden Wollmilchschweins und der tomatentragenden Tabak-Kartoffel ist man weit entfernt.

In alten Zeiten, als die Forscher die Regeln der Vererbung noch nicht festgelegt hatten, herrschte in der Natur argloses Einvernehmen, und Barrieren zwischen den verschiedenen Tieren gab es kaum, weder in der Sprache, wie die Brüder Grimm anzeigen: „In den alten Zeiten, da hatte jeder Klang noch Sinn und Bedeutung... Zu dieser Zeit hatten auch die Vögel ihre eigene Sprache, die jedermann verstand, jetzt lautet es nur wie ein Zwitschern, Kreischen und Pfeifen und bei einigen wie Musik ohne Worte", noch in der Erotik. Es war auch der verwirrten Liebe möglich, ohne Gedanken an beschriebene Artgrenzen Kinder zu zeugen. Einige dieser Kinder sollen hier vorgestellt werden.

VON DEM MYRMEKOLEO,

das ist die Löwen-Ameise. Sie gibt ein besonders krasses Beispiel für Kreuzungen zwischen Tiergruppen ab, die unverwandt und ungleich an Größe und Gestalt verschiedenen Welten anzugehören scheinen: der Klasse der Insekten und dem Stamm der Wirbeltiere.

Der Vater der Löwen-Ameise hat die Gestalt des Löwen, die Mutter ist gebaut wie eine Ameise. Der Vater frißt Fleisch, die Mutter nährt sich von Kräutern. Ihr Bastard stellt ein Mosaik der elterlichen Eigenschaften dar. Am

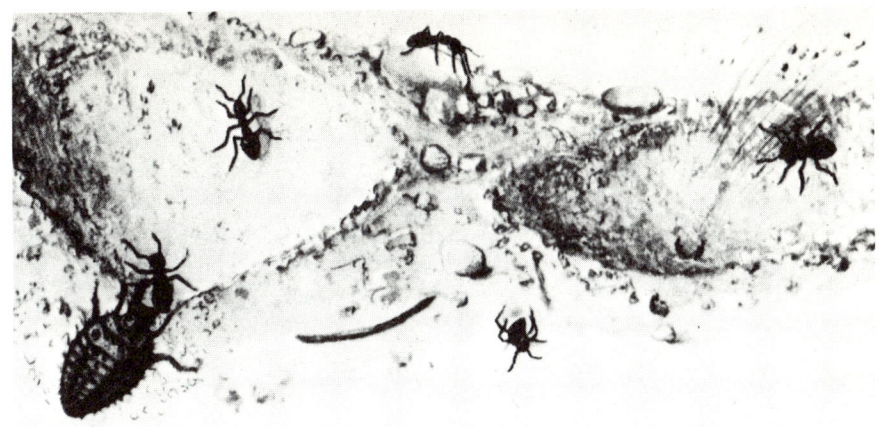

Die Larve der Ameisenjungfer gräbt im Sand kleine Trichter und wartet unten auf abrutschende Kleininsekten (Brockhaus).

auffälligsten: vorn ist er Löwe, hinten Ameise. Die Löwen-Ameise ist, wie häufig Bastarde extrem verschiedener Eltern, nicht lebenstüchtig, denn sie findet keine Nahrung, die für Vorder- und Hinterende gleichermaßen annehmbar wäre. Dem Löwenteil ekelt vor Gemüse, das Abdomen zieht eine vegetarische Lebensweise vor, und so verhungern beide, in Zwietracht vereint. Nie wird das Tier alt, und selten kommt es dem Menschen zu Gesicht.

Häufig zu finden ist dagegen der Namensvetter Ameisenlöwe, ein Tier, das von Gestalt wenig sensationell ist, nach der Abkunft jedoch ebenfalls ein wenig außerhalb der Legitimität steht: Er ist das räuberische Kind der Ameisenjungfer.

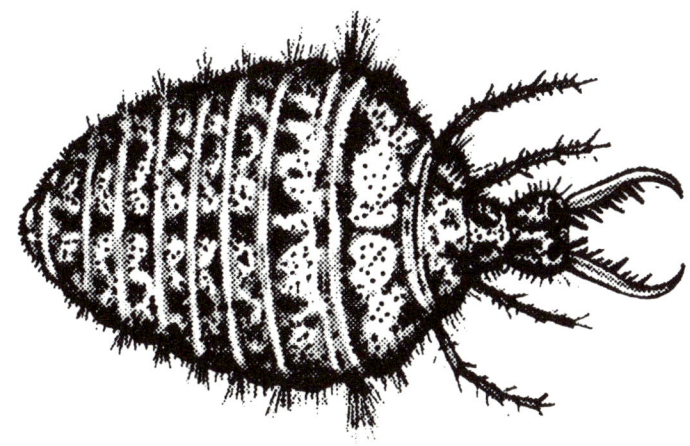

Der Ameisenlöwe, etwa fünfmal vergrößert.

VON DEM KAMELPARD

Um eine Kreuzung zwischen eigentlich verfeindeten Säugetieren handelt es sich beim Kamelpard oder Camelopardalis, den Plinius folgendermaßen beschreibt:

„Es gleicht am Halse dem Pferd, an den Füßen und Schenkeln dem Rinde und am Kopf dem Kamel. Seine Grundfarbe ist rötlich mit weißen Flecken."

Gesner ergänzt 1500 Jahre später diese Beschreibung durch die Beobachtungen, daß das Tier im Paßgang laufe und sich willig an der Leine führen lasse; es lebe in Afrika und an etlichen anderen Orten.

Die Eltern des Kamelpards sind zwar von Wissenschaftlern des Altertums beurkundet, werden aber von Gesner mit leisem Zweifel benannt. Es sind der Leopard und das Kamel. Ihr Kreuzungsschema läßt sich wie folgt darstellen (die Eltern befinden sich unten und oben rechts):

Camelopardalis, so heißt die Giraffe auch heute noch in der Wissenschaft. Ein erstes lebendes Exemplar kam bereits 1212 nach Deutschland (Gesner).

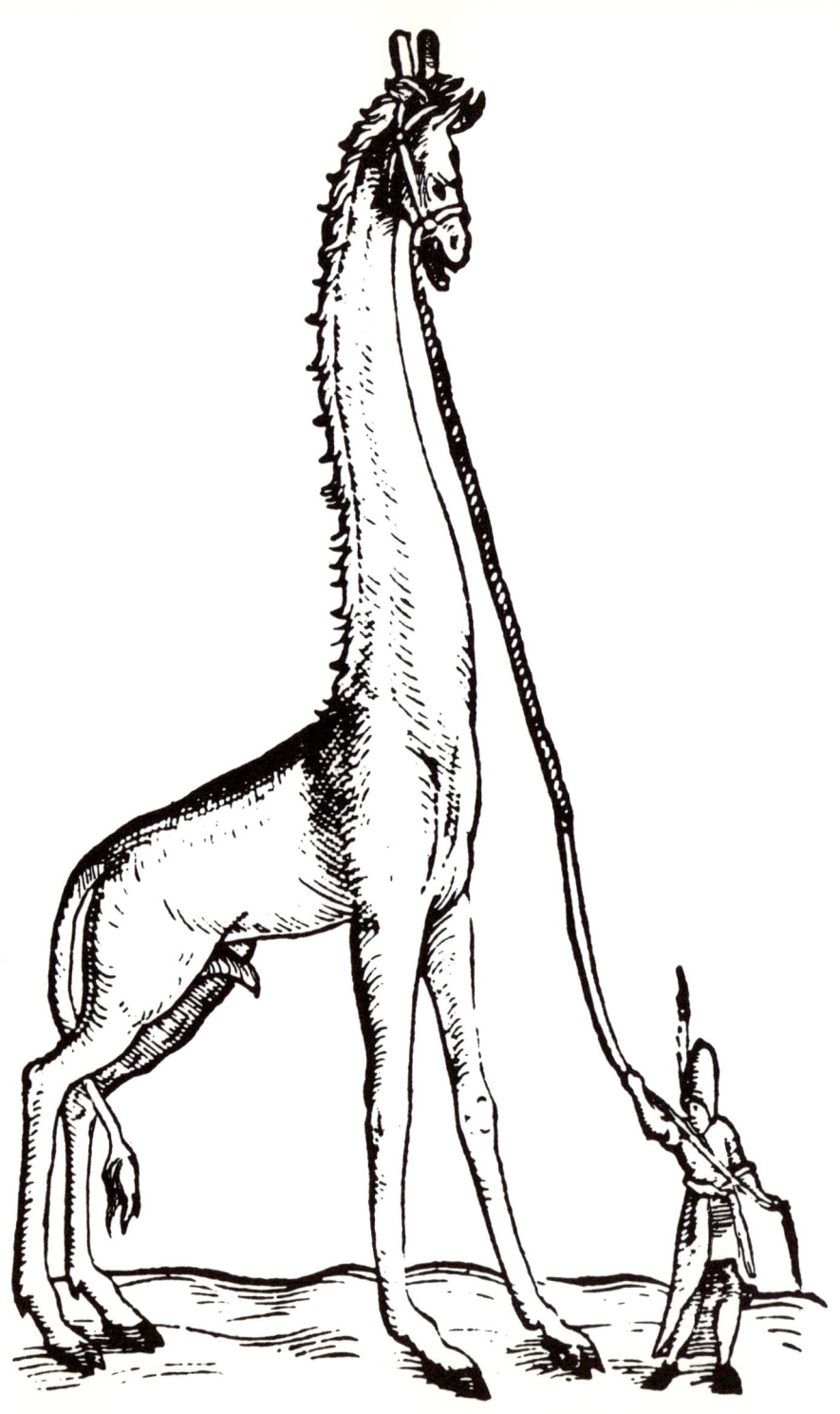

Der Bastard hat die Körpergröße, die allgemeine Gestalt des Körpers, die Sanftmut und den Gang vom Kamel; das niedere Hinterteil und die Fellzeichnung sind Erbteil des wilden Vaters. Wunderbarerweise ist dieser Bastard lebenskräftig und hat sich seit den Tagen des Plinius bis in die Gegenwart erfolgreich und unverändert vermehrt, ohne sich jemals nach Mendelscher Vorschrift in die Elterntypen aufzuspalten. Auch sein wissenschaftlicher Name hat sich nicht gewandelt. Nur im Deutschen nennt man den Kamelpard heute auch Giraffe, die Liebliche.

Giraffendarstellungen im Größenvergleich. Der Name stammt von dem arabischen Serahfe, die Liebliche (Gesner, dort aber nach verschiedenen Quellen).

Der Mensch soll hier als Maß für die Größe der Tiere dienen. Dazu aber taugt er nicht – wie man sieht. Neben dem schlanken Mann (linke Seite) ist die Giraffe wie ein Turm, neben dem stämmigen (unten) erscheint sie pummelig.

VON DEM VOGEL STRAUSS

Das Kamel, das – wie wir gesehen haben – bei einer Kreuzung mit dem Leoparden den Kamelpard hervorbringt, ist offensichtlich erotisch besonders vielseitig und bereit zu mancherlei fruchtbarer Liaison. Den Genetikern kann es für Inter-Art-Studien nur empfohlen werden. Der Römer Oppian (um 200 n. Chr.) berichtet nämlich, daß das brünstige Tier sich selbst mit dem winzigen Sperling intim einlasse. So unwahrscheinlich diese Beziehung beim ersten Blick auf die ungleichen Partner auch anmutet, so weist sie doch Früchte vor: einen Bastard, genannt Struthocamelus oder Vogel Strauß (die ungleichen Eltern sehen wir links und rechts):

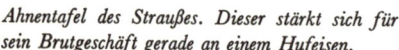

Ahnentafel des Straußes. Dieser stärkt sich für sein Brutgeschäft gerade an einem Hufeisen.

Auch dieser Bastard des Kamels ist beständig seit den Tagen des Aelianus, seine Kinder gleichen nur ihm und sind Strauße und nicht Sperling oder Kamel.

In seiner Beschreibung des absonderlichen Tiers spielt Gesner immer wieder auf dessen Bastardnatur an:

> Der Strauß ist (als die Fledermauß) eines Teils einem Vogel / anders Teils einem vierfüßigen Tier ähnlich. Dann er als ein Vogel Federen hat / und als ein vierfüßig Tier nit hoch fliegt: er hat auch nit Federen so zum Flug füglich sind / sondern dem Haar nit ungleich: er hat auch wie ein Tier Augbrauen von Haar über seinen Augen: er ist dazu glatzig an seinem Kopf und oberen Teil des Halses: unten aber wird er als ein Vogel mit Federen bedeckt. Zween Füß hat er als der Vogel: doch sind sie in zween Teil zerteilt als der von vierfüßigen Tieren: denn hat er keine Zehen / sondern ein geteilte Klauen: der Größe nach ist er auch mehr ein vierfüßig Tier / dieweil die Vögel die allerkleinste Größe habend: denn ein große Last mag sich nit leicht von der Erden erheben / als Aristoteles ausweist. Die Sträuß sind die größten unter allen Vögeln: da sie höher sind dann ein Reiter so auf einem Pferd sitzt. Ihre Klauen sind dem Hirschen ähnlich / der dem Widder / so geformet / daß sie Stein damit aufheben könnend.

Sein Rücken ist so breit / daß ein saugend Kind / oder auch ein großer Mann darauf sitzen mag.

Sein Bein sind von Gestalt und Größe / und da sie weiß und ungefedert sind / des Menschen Schenkel gantz ähnlich.

Dieser Vogel (spricht Albertus) ... hat einen sehr langen Hals: dazu einen Gänsekopf und -schnabel: welche gegen die Proportion des gantzen Leibs gerechnet fast klein sind.

Ein Tier, das für Forscher mit systematischem Takt unzweifelhaft ein Vogel ist, trägt das Erbe eines Vierfüßers in sich und verbirgt es nicht.

Der Strauß lebt in Afrika, da, wo es niemals regnet. In einer solchen Umgebung ist es um Nahrung schlecht bestellt; trotzdem kommt im kleinen Kopf des riesigen Vogels die Idee nicht auf, fruchtbarere Weiden aufzusuchen:

Dieweils dieser Vogel einen kleinen Kopf / und schier kein Hirn hat / so isset er ohn allen Unterschied, was ihm unter kommt / als / Stein / Gebein / Tuch und anders dergleichen.

In des Straußen Magen / aufgeschnitten und den Unflat davon getan / findet man Stein / welche / nachdem er gefressen hat / behält er die ein Zeit lang im Klobdarm nit weit vom Netze / und verdauwet sie / als Elianus ausweist. Er verdauwet auch Eisen: darum daß er einen hitzigen und dicken Magen hat. Der Strauß verdauwet alles / das er ohn allen Unterschied isset / Eisen und gantze Gebein von einem Hammel. Von diesem Vogel (spricht Albertus) sagt man / daß er Eisen fressen und verdauwen möge.

Er frißt nicht, was er mag, sondern er muß nehmen, was er findet. Der Eisenfresser, für den ihn Albertus Magnus hält, ist er allerdings nicht. Gesner hat das durch ein einfaches Experiment nachgewiesen:

... denn wiewohl ich viel Mal den Straußen Eisen vorgeworfen / habend sie es doch nit wollen fressen oder in sich schlucken: aber große Gebein zu kleinen Stücklin zerschlagen / und harte Kieselstein habend sie verschluckt.

In seinen Bemerkungen über die Anmut des Vogels schreibt der Züricher Gelehrte:

Sein Stimm hab ich nie gehört / sagt Cardanus. Er mag seiner Schwere halber nit / wohl fliegen: aber mit aufgereckten Flügeln lauft er wie ein Roß: ja so schnell / daß er darin auch einem fliegenden Vogel nichts nachsteht. Er kämpft mit seinen Füßen / mit welchen er auch den Menschen zu Boden wirft.

Der Strauß ist – so klein sein Kopf auch erscheint – sehr umsichtig. Mit einem Auge sieht er den Himmel an, mit dem anderen die Erde. Zwischen

Zenit und Nadir übersieht er alles. Nicht immer ist ein solcher Blickwinkel erträglich:

> Er ist so toll, daß er seinen Hals verbirgt in die Hecken oder Gras / vermeinend also / er habe die Breite seines gantzen Leibs verborgen / als Plinius ausweist.

Seine Vermehrung betreibt er mit großem Eifer:

> Sie vogelnd viel / und habend viel Samens wie die Hühner und Rebhühner. Er machet ein niders Nest auf dem Boden in das Sand mit seinen Füßen / also / daß es in der Mitte hohl seie: den Umkreis machet er hoch / und umgibt es als mit einer Mauern / damit diese den Regen wehre ab zu laufen / und die Jungen nit hinaus fallen lasse. Er legt mehr dann 80 Eier / ...

Vom lästigen Brutgeschäft hält er wenig. Im Buche Hiob ist darüber zu lesen: Der Strauß ist ein Vogel,

> der seine Eyer auff der Erden läßt / und läßt sie die heißen Erden ausbrüten. Er vergisset / daß sie möchten zutretten werden / und ein wild Thier sie zubreche. Er wird so hart gegen seine Jungen / als weren sie nicht sein / Achtets nicht / das er umb sonst erbeitet. Denn Gott hat im die Weisheit genomen / und hat im keinen Verstand mitgeteilet.

Die Küken schlüpfen in großen Abständen und werden nur gelegentlich gefüttert, da die Eltern allzeit ausgehen und ihre Jungen, die vor Hunger weinen und heulen, allein lassen.

Wie dieser Vogel gejagt und gefangen werde

Im Grunde ist der Vogel Strauß ein Pazifist; fangen läßt er sich allerdings ungern. Die verschiedensten Methoden des Vogelstellens sind an ihm ausprobiert worden, aber was die Wachtel einbringt, führt nicht unbedingt zum Erfolg beim Strauß:

> Man kann ihn nit als andere Vögel mit Leim / oder Ruten / sonder mit Pferden / Hunden und Garnen fangen.

Andere Fangmethoden werden ersonnen und erprobt:

> Und mögend schnell laufen / besonders wenn der Wind wehet / von welchem sie mit ausgespannten Flügeln / als einem Segel / getrieben werdend.

Sie werfend die Jäger mit Steinen / die selbigen in ihre Füß genommen. Wenn der Wind still ist / und sie weder fliegen können / noch laufen mögen / werdend sie gefangen.

Wenn auch der Strauß in rasender Flucht mit Steinen hinter sich wirft, so kann er also doch im Stand erlegt werden, wenn eine plötzliche Flaute seiner Bewegung den Antrieb nimmt. Bei einer anderen Jagdweise treibt man ihn ins Garn oder läßt ihn in Krähenfüße laufen:

Wenn er nach vorgesagter Weis brütet / so steckt der Jäger allenthalben spitzige Eisenzinken um sein Nest: dann verbirgt er sich / und erwartet des Fangs. Der Strauß aber kummt ab der Weid / und begehrt bei seiner Zucht zu wohnen / und lugt stets ehe er ins Nest geht um sich / ob ihn jemand sehe / danach fahrt er mit ausgespannten Flügeln / obgleich er das glitzend Eisen sieht / zu seinen Jungen. Also wird er mit den eisernen Spitzen durchstochen / und jämmerlich getödt und umgebracht. Der Jäger aber geht zuher / und fanget die Mutter mit samt den Jungen.

Was von diesem Vogel zu Nutzen

Viele Teile des erlegten Straußes können den menschlichen Alltag verbessern. Er liefert Defensivwaffen für den Krieg und Schmuck für die Siegesparade:

Die Arabier brauchend die Häut von diesem Vogel für Brustharnisch und Streitschild in Kriegen. Die Mohren verkaufend die Häut mit samt den Federen gantz teuer. Die Türken zierend ihr Hüt und Helm mit diesen Federen.

Die Eier werden halbiert, die Schalen gefaßt und als Trinkgefäß verwendet. Das Fleisch des Straußes gilt dem frommen Juden für unrein. Anderen Leuten dient es als bevorzugte Speise:

Etliche Völker in Morenland gegen Mittag gelegen / werdend Struthophagi / das ist / Straußfresser genennt / ...

Ein Rezept für die Zubereitung eines schmackhaften Weihnachtsstraußes sei dem an Delikatessen interessierten Leser vorgelegt: Man nehme

In einen gesottnen Straußen: Pfeffer / Minze / gebratnen Kümmel / Eppichsamen (Scharbockskraut) / Dattelkernen / Honig / gesottnen Wein / Schmaltz / und ein wenig Öl / erwell (koche) den in einem Hafen (großer Topf) / bestreich ihn mit Mehl / zerleg also die Teil vom Straußen in einer Platten / und spreng Pfeffer darauf / als Apicius (gastronomischer Schriftsteller des Altertums) lehrt. Oder tu Pfeffer / Liebstöckl / Thymian und Satureien (Bohnenkraut) / Honig / Senf / Essig / Schmalz und Öl dazu.

Des Straußen Fleisch ist das gröbest unter allen anderen Vögelen / der halben schwerer und böser Verdauwung: wiewohl etliche Ärzte ihr Fleisch hochlich gepriesen habend / daß es nämlich hitzig und feist seie / Lust zu essen bringe / den Leib stärke / und gute Nahrung gebe wenn es verdauwet worden.

Kaiser Heliogabal (218–222) schwärmte auch vom delikaten Straußenhirn. 600 Vogelköpfe wurden abgeschnitten, um den kaiserlichen Appetit zufriedenzustellen.

Nach der alten Lehre fördern Teile des Straußes die menschliche Verdauung:

Die obgenennten Stein / so man in den Straußen Magen findt / sollend die Verdauwung förderen / als Elianus schreibt. Galenus sagt / daß man des Straußen Magen vergebens zumesse / daß er die Verdauwung fördere. Man legt ihre Häut mit samt dem linden Flaum wohl zubereit / auf den Magen / die Verdauwung damit zu förderen / dieweil auch er alle Ding verdauwen mag.

Andere Teile des Tiers werden gegen Magensucht, Steine, Geschwülste und Podagra, die Gicht also, eingesetzt. Selbst der Harn des Straußes soll nicht ungenutzt versickern, denn

Straußenharn vertilget geschriebne Buchstaben von schwartzer Tinten / als Hermolaus ausweist / …

Von Affen und Menschen

Affen und Menschen sind nicht immer auseinanderzuhalten. Vom Pithecanthropus und seinen Kollegen weiß man nicht mit Sicherheit zu sagen, ob sie noch Affen oder schon Menschen waren, und diese Schwierigkeiten kannten die Entdecker des 16. und 17. Jahrhunderts auch, wenn sie an neuen Küsten und in neuen Urwäldern fremden Volksstämmen und unbekannten Affen begegneten. Auf der Insel Calonach „da sind auch rauhe Leute, die steigen so schnell auf die Bäume wie Katzen und sind von wunderbarer Natur", schreibt Montevilla. Und in Kotschinchina (Mekongdelta) soll es Menschen geben, die behaart, aber von normaler Gestalt sind und einen Schwanz tragen, „Zinzin" werden sie genannt. Ihr Blut ist eine geschätzte Farbe. Man fängt sie, indem man sie zuvor besoffen macht.

Der Seeräuber Exquemelin erwähnt in seinem Bericht von den Brandschatzungen in Mittelamerika eine besondere Rasse, „an Gestalt den Indianern ähnlich, unterscheiden sie sich von ihnen nur durch kurzes gekräuseltes Haar und affenartige Klauen an den Füßen. Pfeile und ähnliche Waffen vermögen ihnen nichts anzuhaben. Den Spaniern gelang es nicht, diese Leute mit ihren Lanzen zu töten, da, wie sie sagten, deren Haut zu so dicken Falten zusammengezogen sei, daß kein Eisen sie durchdringe; sie mußten diese Kreaturen also fangen und von Bäumen herunterstürzen, um sie zu töten."

Hier, im Tier-Mensch-Übergangsfeld, sind eine ganze Reihe anderer Wesen einzuordnen, so die Sphinx, der Babuin und weitere.

VON DER SPHINX,

auch genannt Jungfrauaffe. Die Sphinx hat ihre Gestalt im Lauf der Geschichte immer wieder gewandelt. Die ägyptischen Monumente stellen einen liegenden Löwen dar, der das Haupt eines Königs trägt: Sinnbild des Herrschers, der den Tempel hütet. Oft ist er von gewaltiger Größe und aus dauerhaftem Granit oder Porphyr.

In Griechenland erfährt die Spinx eine Geschlechtsumwandlung, sie wird nun eindeutig weiblich. Es wird von einer Sphinx berichtet, der Tochter einer

Schlange, die vor den Mauern der Stadt Theben lag. Sie hat den Kopf und die Brüste einer Frau, den Körper und die Füße eines Löwen und ist geflügelt.

Diese Sphinx hält die vorbeiwandernden Bürger an, stellt ihnen ungebeten ein unlösbares Rätsel und verschlingt jeden, der es nicht errät. Ihr Rätsel aber lautet so: Welches Geschöpf geht am Morgen auf vier Füßen, am Mittag auf zweien und am Abend auf dreien? Als dem Land Theben die Entvölkerung droht, erscheint der Rätselfuchs Ödipus und enttäuscht die Sphinx bitter: „Aber als dieser Edipus auch von dem Tier dieser Frag halben angemahnt, soll er darauf geantwortet haben:

‚Mit zween Füßen wird der Mensch geborn
Auf vieren lernt gohn er zum Kind erkorn
Auf Stecken gaht herein der Alt.'"

Das Rätsel ist gelöst. Die Sphinx kann nun in Pension gehen; sie aber sieht ihren Lebenszweck verloren und stürzt sich verzweifelt in einen Abgrund. Ganz Theben atmet auf und kürt den Retter zum König, für diesen mit unangenehmen Folgen, wie wir wissen.

Sphinx, eindeutig weiblich (Gesner)

Ander Theil.

Affen frewen sich deß newen Mondes.

Die beschwenkte Affen werden beym abneienden Monde traurig / beym newen aber frewen sie sich dermassen / als ob sie denselbigen besonders verehren vnd anbetten wolten. Wie denn auch alle andere vierfüssige Thier in gemein der art sind / daß sie sich etwas förchten / wenn der Mond vnd das Gestirn klein oder im abneiten ist.

Von der Affen liebe gegē jren jungen.

Gegen seinen jungen hat der Aff / für allen andern Thieren / ein besondere grosse liebe / Denn wo er in einem Hause erzogen / vnnd daselbst jungen bringt / tregt er die zu den Haußgenossen vmbher / zeigt sie allen vnd einem jeden insonderheit / vnd sihet gar gerne / daß man sie vmbfahe / liebe vñ schön halte / gleich als ob ers eben wol verstünde / da man sich seiner wolfahrt freuwet / vnd jhm zur jungen zucht heyl vnnd glück wündschet. Doch so banglet er seine jungen so lang vmbher / vnd truckts für vnd für an seine Brüst / biß ers also den mehrertheil alle selbst ersteckt vnd vmbbringet.

Solinus: Der Affe gebieret gemeinlich zween jungen / vnter denen liebt er den einen / vnnd hasset den andern / Ja / so gar erhitzt vnd ergrimmet er vber den geliebten / daß er denselben mehrertheils nicht auffbringet / vrsach / er zottelt jn jmmerdar in Hånden vmbher / vnd drückt jn dermassen on vnterlaß an seine Brüst / biß daß er jn mit halsen vnd stetem vmbbancklen selbst ersteckt vnnd erwürget / Der ander aber / welchen er hasset / hocket jm für vnd für dahinden auff dem Rücken / Derhalben er denselben ehe vnd baß fürbringt / denn den geliebten. Es tregt sich auch auff andere wege zu / daß er deß geliebten beraubt / vnd jn ehe denn den andern verleuret / Denn nach dem er jn vber alle maß hertzet / vnd für jm tregt / vnd aber vom Jäger etwan vbereylet / vnd auff einen Baum zu entrinnen genötiget wirdt / muß er den fördern hinwerffen oder fallen lassen / Aber der / so jm auff dem Rücken sitzt / vnd wenig jrret / kompt mit jm darvon / welchen er folgends an statt deß geliebten lieblich vnd trewlich erzeucht.

Drum

Faksimile der Seiten 240 und 241 aus einer Plinius-Ausgabe von 1584

Von vierfüssigen vnd kriechenden Thieren.

Orus: Wenn die Egyptier einen Vatter wöllen anzeigen/ der dem verhaßten Sone ein grosse Erbschafft verleßt/vnd aber den verleuret/von welches wegen er alles zusammen gekraßt/so malen sie einen Affen/ deme der junge auffm Rücken huckt.

Die Hundsköpffigen Affen sind etwas vngeschlacht/vnd einer wilden vnzuchtsamen art/ Dagegen aber kan man nicht bald andere Thier fürbringen/ die so zahm vnd kürre sind/als die/welche man Geißaffen vnd Sphinges nennet.

Die Bartschwentzige Affen/ die Callitriches heissen/ sind an ihrer gantzen gestalt allen andern vngleich/ haben einen Bart im Angesicht/ vnd einen langen Wadel/ der wol davor doschet vnd dick außgeschweifft ist. Man sagt/ dieses Thier köste sein Leben in keinem frembden Lufft lange auffhalten/außgenommen deme in Mohrenland/ vnter welchem es geworffen vnd erzeuget wirt.

Bartschwentzige Affen.

1. Reg.10 2. Chronic. 9 Salomons Meerschiff/ das auff dem Meer mit dem Schiff Hiram fuhr/ kam in dreyen jaren einmal/ vnd bracht Golde/Silber/Helffenbein/Affen vnd Pfauwen.

Plinius lib. 11. cap. 14. Die Affen streichen der Menschlichen gestalt mit Angesicht/ Nasen vnd Ohren/ sehr nahe zu/ vnd da andere vierfüssige Thier in gemein der vntern Augbrawen mangeln/ siht man doch an den Affen/ wie ire Augen/ beyde oben vnnd vnten/ mit dünnen Auglidern beschirmet sind. Vorne an der Brust haben sie zwey Dütten Wärtzlin. Item/ Armen vnd Schenckel/ welche sie fürstrecken/ vñ wider an sich ziehen können/ fast aller massen vñ gestalt wie der Mensch. Ihre Händ sind mit Fingern/ Nägeln/ vnd einem mitteln langen Fingerlin gezieret/ als der Menschen Händ (allein daß sie etwas gröber vnd wilder werden) An den Füssen ist etwas vnter-

Von der Affen gestalt vñ Gliedern.

Hh   scheidts

Plinius listet die Sphinx in seinem Verzeichnis der Tiere Äthiopiens auf, erwähnt aber als Merkmale lediglich rotbraunes Haar und ebenmäßige Brüste. Diese Züge und sein Bild des Tiers passen zum Sphinx-Pavian, den wir heute kennen. Er ist ein Allesfresser und lebt auch nicht allein, wie die Sphinxen des Altertums, sondern in Horden. Gesner faßt das Wissen mehrerer Autoren zusammen:

Gesner ordnet dieses Wesen ein als Forstteufel, doch trägt es nahezu alle typischen Merkmale einer Sphinx. Verschiedene Merkmale deuten auf eine Sphinx mittel- bis nordeuropäischen Ursprungs.

Diese Affen / sagt Plinius / seien braunhärig / haben an der Brust zwee Ditten / und seien sonst mancherlei wunderbarlicher Gestalt: und tut Solinus hinzu / sie seien von Haar zottig / haben starrete Ditten / und seien leichtlich heimisch zu machen. Denn von Natur / sagt Diodorus Siculus / seien sie gütig / zu mancherlei Schimpf und Kunst geartet / eben wie der Elefant / Sittich / und Geißmännlin (Kiebitz) / als Elianus sagt: wohl tut Albertus hinzu / der Wilde halben lassen sie sich dennoch zähmen / aber nimmer werden sie so heimisch / daß sie nit Schaden tun den jenigen die sie reizen und plagen: doch tuen sie dem nichts / der sie unbekümmert laßt.

Von den Baaben/Bawynen/oder Strobelköpffen.

Die bilger so zů dē Heiligen grab ziehen/ vñ jr fart in die wůstin Sinai verbringen/ schreyben von einem Affen/ den sy Babuynnen nennen: vnnd Hieronymus Cardanus beschreybt einen Affen/ desse gstalt der sag genanter Bilger vast zůstreycht. Daß er sagt/ er sey in der grösse eins menschen/ an schencklen mannlichem glid/ vnnd im angesicht wie ein wilder mann/ der gantz durch vnnd durch haarig: ausserhalb des menschen ist kein thier/ das lenger auffrecht stande. Es hat weyber vnnd knaben lieb / die frömbden eben wie seine landsleüt: dann so bald vnnd es ledig worden/ reyßt es alles nider/ vnnd wil seinen můtwillen mit jm treyben / offentlich vnnd vnuerschampt. Es ist auch ein wild thier/ doch so schāpar vnnd geschickt/ das man wol etlich menschen finden möcht die nit so sinnreych/ vorab in Ethiopien/ Morenlanden/ in Tartary/ vnd bey den Pilappen.

Pilger also brachten aus der Wüste Sinai diese obenstehende Beschreibung mit, die sich mit der des Herrn Cardanus deckt. Offensichtlich hat man mit jungen Witwern dieser Art schlechte Erfahrungen gemacht. Das Bild zeigt einen aufrecht stehenden, langgeschwänzten Affen. Der Strubbelkopf trägt ein helles, grünlichgelbes bis graues Fell, hat ein dunkles Gesicht und wirkt äußerst gelehrig. Maulaffe wird er auch genannt, und weiß einen Stecken wohl zu schwingen.

Der unverschämte Babuin mit seinem Stecken.

VON EINIGEN ANDEREN AFFEN

Unter dem Titel „Von dem Wolff" taucht bei Gesner ein Tier auf mit durchaus wunderlichen Eigenschaften:

Dieses Tier ist mit großem Wunder gen Augsburg bracht und gezeigt worden des 1551. Jahrs. Wird gefunden in den großen Einöden des Indianischen Lands / gar selten. An seinen Füßen hat es Finger als der Mensch / und so man auf ihn deutet so kehrt er den Arß dar.

Äpfel / Birnen / und allerlei andere Frücht frißet dies Tier / auch Brot: trinkt insonderheit gern Wein. So es hungrig ist so ersteigt es die Bäum / schütt die Frücht herab. So es ein Elefanten unter dem Baum erfieht / so laßt es ihn bleiben / alle andere Tier mag es nit dulden / sondern treibt sie von dannen. Ist von Natur freundlich / voraus gegen die Weiberen / gegen welche es sein Freundlichkeit viel erzeigt. Das Weiblin des Geschlechts gebirt alle Zeit zu gleich ein Paar / nämlich ein Männlin und Weiblin. Ist das recht / so war eigentlich Tier der Alten Hiaena genannt.

„... und so man auf ihn deutet so kehrt er den Arss dar." (Gesner)

Dieses Tier ist sicherlich keine Hyäne, wie die Alten sagen, sondern allein schon wegen seiner Vorliebe für Äpfel, Birnen und Wein den allesfressenden Affen zuzurechnen. Welcher nun genau gemeint ist, läßt sich beim nächsten Zoobesuch rasch und sicher feststellen: ein Fingerzeig genügt!

Von anderen Affen schreibt Diodorus ausführlich, wie sie mit List gefangen werden:
„Diese Tiere geben das Mittel, sie zu fangen, selbst an die Hand, indem sie alles, was man tut, nachahmen. Von den Jägern bestreicht der eine die Augen mit Honig, der andere zieht, während die Tiere zusehen, Schuhe an, der dritte hält einen Spiegel vors Gesicht. Sie lassen aber die Schuhe zurück, an welchen Fesseln angebracht sind, statt des Honigs stellen sie Vogelleim hin, und an dem Spiegel befestigen sie Schlingen. Wenn daher die Tiere nachmachen wollen,

was sie gesehen haben, so wissen sie sich nicht mehr zu helfen, weil ihre Augenlider zugeklebt, ihre Füße gebunden und ihr Leib in der Schlinge ist." Eine ganz ähnliche Methode illustriert Wilhelm Busch im zweiten Kapitel von „Fips der Affe".

VON TIERMENSCHEN UND MONSTROSITÄTEN

Von den Wesen, die zweifellos echte Affen sind, führt der Weg zu Geschöpfen, die Züge von Tier und Mensch aufs sonderbarste vermischt tragen. Der Schneemensch des Himalaja, Yeti genannt, ist solch ein Wesen von unsicherer Existenz, und auch sein Vetter aus Oregon, der Bigfoot, gehört hierher. Beide wurden und werden bis in die Gegenwart immer wieder flüchtig gesehen; am besten bekannt sind allerdings ihre Fußspuren, die sie in Schnee und Schlamm zu hinterlassen pflegen.

Von dem Yeti

Der Yeti soll ein riesiger Affe oder ein besonders primitiver Wilder sein, der in den Bergen des Himalaja haust. Zuweilen steigt er in die Täler hinab, und man kann dabei beobachten, wie er Zweige und Blätter, Frösche und Fische und gelegentlich auch Hühner und Ziegen frißt. Die Tiere soll er mit seinen Händen umbringen und auf der Stelle verspeisen. Augenzeugen beschreiben ihn als ein Wesen mit menschlichen Zügen: Er hat ein affenähnliches Gesicht, silberblondes langes Haar. Seine Hände sind sehr kräftig, seine Füße gebaut wie die Füße des Menschen. In Höhlen soll er leben, ohne Feuer und Licht. Fußspuren findet man im Schnee. Sie sind 35 Zentimeter lang und deuten auf eine beträchtliche Körpergröße hin.

Von dem Bigfoot oder Sasquatch

In den Wäldern des Mount Saint Helens und am Flusse Lewis, im Nordwesten der USA, findet man seit über fünfzig Jahren Spuren und Erzählungen von einem Riesenaffen mit Menschenfüßen. Zweieinhalb Meter groß ist das Tier, trägt ein dichtes braunes Fell und langes Haupthaar. Im allgemeinen flieht es den Menschen, gereizt kann es ihn jedoch angreifen. Dann wirft es mit Steinen und Ästen und brüllt. Eine Zeichnung oder Photographie des Bigfoot existiert nicht, auch hat man nie ein Exemplar gefangen. Gut untersucht sind allein seine Fußspuren, die auch photographiert wurden: ein Abdruck ist

46 Zentimeter lang und an seiner breitesten Stelle 20 Zentimeter breit. Die Schrittlänge liegt zwischen 1,20 und 1,80 Meter. Druckversuche am Fundort haben gezeigt, daß das Tier etwa dreihundert Kilogramm wiegen muß, um solche Spuren hinterlassen zu können. Expeditionen sind geplant, die das Rätsel um den Bigfoot, den die Indianer Sasquatch nennen, lösen sollen.

VON MENSCHLICHER MISSGESTALT

Menschen, die verdrehte, überzählige, verkümmerte oder deformierte Glieder und Organe besitzen, wurden immer wieder geboren und als staunenswerte Weltwunder oder unerklärliche Schreckgestalten ausgestellt und abgebildet. Aldrovandi hat damit ein ganzes Buch, seine ,,Monstrorum historica cum paralipomenis historiae omnium animalium", gefüllt.

Der Zyklop (Aldrovandi)

Eine der interessantesten Mißgestalten ist der Zyklop, der den Lesern aus der griechischen Sage wohlvertraut ist und bei Aldrovandi wirklichkeitsgetreu abgebildet wird.

„Da ist eine Insel", beschreibt ihn Montevilla, „darin sind Riesen, die haben nur ein Auge an der Stirne und essen nichts als Fleisch und Fische und kein Brot und sind am Leibe nackt und rauh wie ein wildes Tier und haben einen Stab in der Hand."

Der Mann mit den abgewandten Füßen (Aldrovandi)

Ein weiser Mann ist der seltene Homo pedibus aversis, der Mann mit den abgewandten Füßen, der – obschon noch jung – nicht daran interessiert ist, wohin er geht. Er schaut vielmehr zurück in Raum und Zeit, woher er kommt, und erscheint damit als der geborene Historiker.

Einen uralten Weg der Vermehrung beschreitet die Selenetidische Gattin, die entgegen den Regeln der Säugertradition kopfgroße Eier legt wie die Saurier. Daraus schlüpfen Kinder, die – nach der Anatomie des Weibes zu

Aldrovandis Eierfrau, er selbst nennt sie allerdings Icon mulieris Selenitides.

schließen – durchaus in den Genuß der mütterlichen Milch kommen und samt und sonders zu Riesen heranwachsen.

Dreht diese Frau mit ihrer Fortpflanzung das Rad der Stammesgeschichte zurück, so besitzt sie doch eindeutig Menschengestalt. Mischformen aus Mensch und Tier – in der Abbildung zwar Verpfropfungen des anatomisch und physiologisch Unvereinbaren, von bestimmten Zeitgenossen aber nichtsdestoweniger genau beschrieben – bildet Aldrovandi in großer Zahl ab.

Von wunderwercken Gottes

Nach Christi gebnrt

ZZabacker Mhör inn ettlichen inseln/seind Löuwen die menschen angsichter habend/vil vnd gräwlich/nhören sich raubs/schwimmen in wassern wie die visch.

So seind in der wilde in Africa weyber/den die dutten biß vff die knew herab hangen/könden nit redē/sie kürzen nun/lassen sich gern bey den mannen finden/nit wie hie/lauffend schnell/das sie auch das gwild ereylend. Sie seind braun/nit schwartz/nit weyß/vnd den an den knewen haben sie zottē/wie die Geyssen auch geyß füß/lág kräwel an den händen. Zottecht lág haar vff dem kopff.

Sie gond also vmb/deckend nicht dann die scham von wegen der hitz/sie sagen sie deckends mit dem hüt/do sie doch desselben nit dörffend/do sie kein kopff habend. Sie lasen den pfeffer ab/geben jn den kauffleüthen zükauffen/die auff Mecha ziehend/seind fromme leüth.

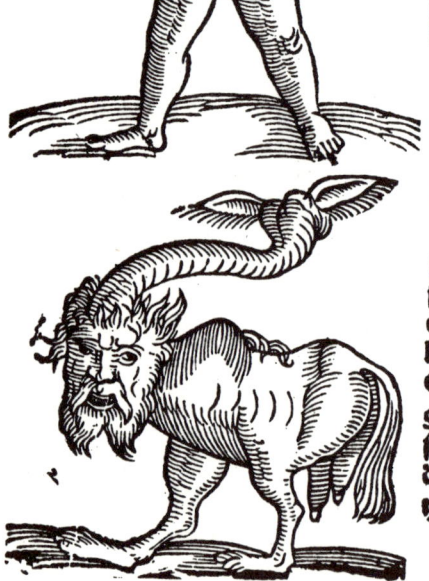

So finde mā im gbürg Africe dises thier/ist gar geel/hatt ein mentsche angsicht/an der prust/ochsen schenckel/menschen fueß/fuchß schwantz/Ramel rucken/langen halß/vff dem kopff langlechte wartzen/die vornē zwey Säwohrn hatt/vnd haarig ist/ein geyßbart/frißt kraut vnd wurtzē/seind wild/jung ißt man sie/vor ab der groß Cam/seind besser dañ Güzen fleisch.

Faksimile aus Lycosthenes, Von wunderwercken Gottes...

Von wunderwercken Gottes

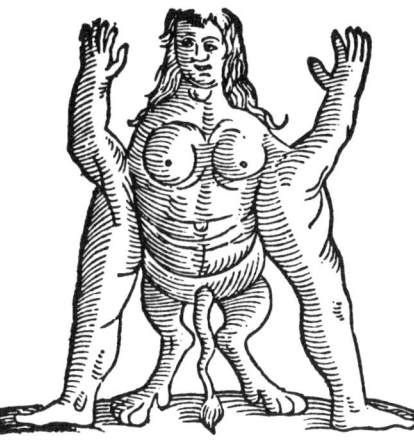

Uf dem mhör gegē morgē findt man so hübsche Weyber/die feyßt/dick/ein langen halß/ jre arm stond an d' hüfft der schenckel/hindē auß habē sie Esel scheckel/aber katzen dopē/auch hangt jnen abhin ein Eselschwantz/domit die zucht nit ab gang/machen sie der jungen viere miteinander/zwey tödtē sie/zwey laßends lebē. säugen wol/also das auß ihrer eignen milch sie käß machen die sie essen. Die mann seind den weybern gleich/aber habē kleinern bauch/vnd nit so grosse duten.

IN Tartarey in ettlichē thälern/ findt man d' arth leüth mit langem Gryffenschnabel vñ hals/mit dem schönen angsicht an der prust. Die flügel seind von mäncherley farben/arm/scheckel dē mēschē gleich/wonen gern bey quellēden brunen/dann sie fressen gern visch. Fliegend schwärlich/wie die gänß/jre federn braucht der groß Cam vnnd Pretorjan/zů böltzen vnd pfyl gfider. Es ist ein grausam böß thier/das dem mentschen uff sätzig/wañ es gfangē werden soll/so gifft es fewr auß.

IN der Newgfundnē welt/dort gegen Mitnacht/zům Heyligē Creütz/hatt der künig vß Portugall durch sein schiffung leüth funden/die rauhe hüdßköpff mit langen esels ohrn hattend/der mittel leyb ist mentsch/mit armē vñ händen/die hufft vñ scheckel wie ein pferd/klauwen wie ein kůh. Redē nit/bellen aber lauth/seind rauber/mā neñt sie Baratrie/stäths fürē sie krieg mit den nachbaurē. Sie fressen die leüth/wo sie die ankommen/sonst gläbē sie des gwilds.

Dort

177

Menschen mit Tierkopf, ursprünglich von kultischer Bedeutung, werden bei Aldrovandi selbständig und damit zum Kuriosum.

Zwei Gesichter haben die Tiermenschen (Monstra bicorpora ex foetibus humanis et beluinis): Wohlbekannt ist der Caniden-Mann, der uns als freundlicher Mensch entgegentritt und dann, wird er zur Drehung veranlaßt, plötzlich sein anderes Gesicht, das Wolfsgesicht, zeigt (rechts).

Ein Doppelwesen aus Tier und Mensch (Aldrovandi)

Den Schnabel und den Hals lieferte der Kranich der linksstehenden Kreatur und verlieh ihr so gestelzte Würde.

Ein Verwandter des Satans ist der seltsam unvollständige Zentaur. Das Familienmerkmal des Pferdefußes hat er mitbekommen; die großen Eselsohren

Das Traumtier des Oberst Marckmeyer, ein nackter Mann mit den Köpfen von Adler, Löwe und Kröte, den Symbolen des Teutschen, Gallischen und Römischen Reichs.

erlauschen Gelegenheiten, wo immer sie sich bieten; drei Arme machen den perfekten Dieb, der mit gefalteten Händen seinem illegalen Handwerk nachgehen kann.

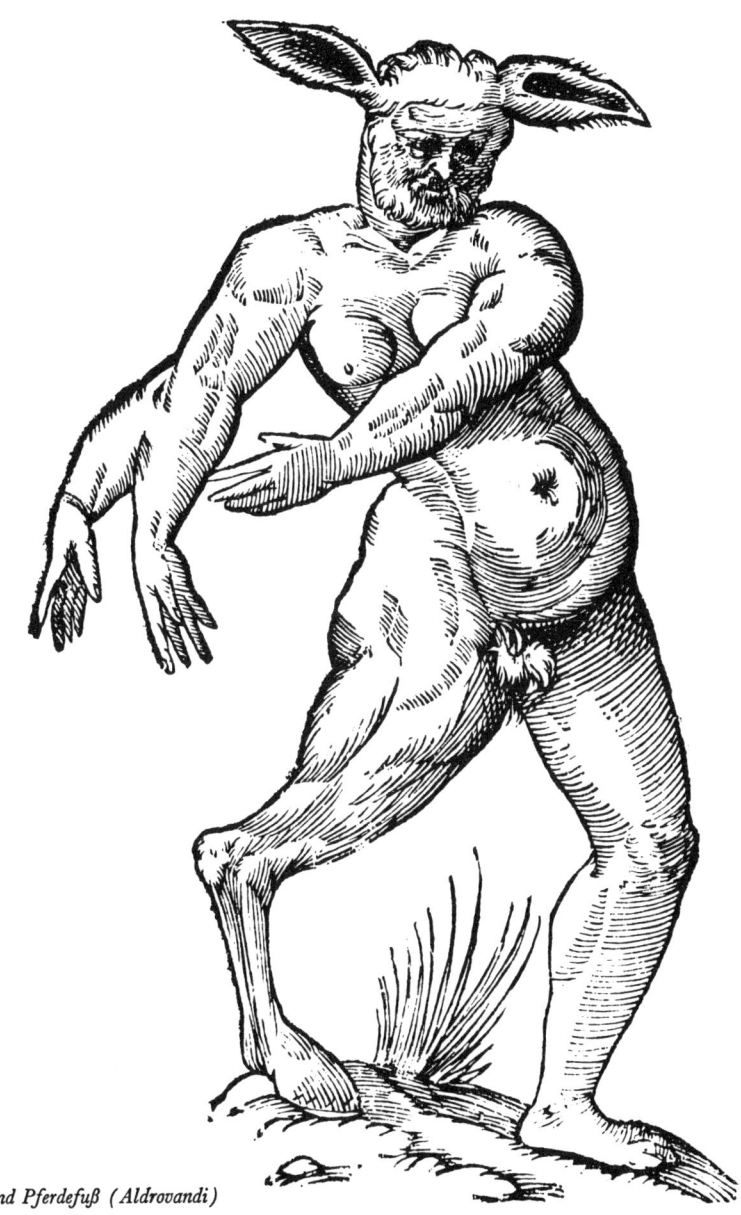

Mann mit Eselsohr und Pferdefuß (Aldrovandi)

Ein Vetter des Mannes mit dem Eselsohr besitzt ein vollständiges Eselshaupt, dazu das zweite und dritte Gesicht.

VON DEM BALDANDERS,

einem Wesen, das nicht einzuordnen ist. Das Titelblatt der ersten Auflage des Grimmelshausenschen Simplicissimus zeigt den Baldanders, der jede Gestalt annehmen kann: die eines Menschen, einer Eiche, einer Sau, einer Bratwurst, eines Kleefeldes, eines Kuhfladens, einer Blume, eines Zweiges, eines Wandteppichs und vieler anderer Wesen und Dinge. Das Bild zeigt eine Momentaufnahme in der Kette der Verwandlungen: ein Wesen mit dem Kopf eines Satyrs, Rumpf und Armen eines Menschen, dem Hinterleib und den Flügeln eines Vogels, dem Schwanz eines Fisches und einem Ziegenfuß und einer Hahnenkralle. Er schreitet über Masken, die er annehmen kann. Er kann sprechen und seine Herkunft belegen: „Mein Ursprung ist aus dem Paradies, und mein Tun und Wesen besteht solange die Erde bleibt." Er „verändert die Händel der Menschen mannigfaltig; macht bald groß, bald klein; bald reich, bald arm; bald hoch, bald nieder; bald lustig, bald traurig; bald bös, bald gut und in summa bald so und bald anders".

In welche zoologische Gruppe der Baldanders zu stellen ist, das kann niemand erraten. Wir stellen ihn verlegen hierher, da er als vollkommenstes aller Geschöpfe nach Ding und Tier auch Mensch sein kann und bis ans Ende der Tage leben wird.

Von den Zeugen,

die an die aufgezählten Tiere glaubten, sie beschrieben und überlieferten. Die Liste dieser Männer enthält manche Namen, die nur noch in den Spalten alter Konversationslexika ihr Dasein fristen, und andere, deren Ruhm hell bis in unsere Tage strahlt. Sie alle schrieben über Tiere, und sie gehören doch keineswegs zu einem einheitlichen Typus des Entdeckers und Forschers, sondern vertreten die ganze phantastische Vielfalt des Menschenlebens auf unserer Erde: Dichter und Historiker; Erzieher und Erfinder; Landstreicher und Professoren; Leute, die es in der Welt umgetrieben hat, und Stubenhocker; Offiziere und Zivilisten; Bischöfe und Rüpel; Christen, Heiden und Opfer der Inquisition aus allen Ländern der bekannten Welt. Einige seien hier stellvertretend vorgestellt.

AELIANUS, Claudius: war um 180 n. Chr. Lehrer der Beredsamkeit in Rom. Er schrieb viele Bücher, darunter die siebzehn Bände „De natura animalium" (Tiergeschichten). Darin versammelte er planlos und mischte ohne Konzept, was Reisende, aufschneidende Jäger und phantasievolle Dichter ihm erzählt oder beschrieben hatten. Reisen, Forschen, Beobachten lag ihm fern, er war ein Mann des Papiers und der Feder bis ins persönliche Leben. Aelianus pflegte sich zu rühmen, daß er nie eine Reise zu Lande gemacht, auf der er Italiens Grenze überschritten hätte, nie ein Schiff bestiegen, noch das Meer versucht habe. Daher genoß er auch in Rom große Achtung als ein Mann, der die alte Sitte in Ehren halte. Er wurde über 60 Jahre alt und starb unverheiratet und ohne Kinder, „denn zum Heiraten und Kinderzeugen konnte er sich nicht entschließen", schreibt sein Übersetzer.

ALBERTUS MAGNUS, auch Graf von Bollstädt: lebte von 1193 bis 1280 ein bewegtes Leben, das ihn viele Grenzen überschreiten ließ. Er war der wohl belesenste Mensch seiner Zeit und zugleich ein weitgereister, welterfahrener Mann; er war Bischof und dankte bald wieder ab, weil ihm Krummstab und Mitra zur Last wurden. Er ging nach Köln und beschäftigte sich mit allen Wissenschaften. Die Schriften des Aristoteles lehrte er und auch Theologie,

ALBERTUS MAGNUS

Botanik und Zoologie, und er konstruierte zur Verwunderung der Zeitgenossen einen eisernen Mann, der ihm als Türhüter gedient haben soll. Dieser eherne Pförtner fragte die Besucher nach ihren Wünschen und entschied aufgrund ihrer Antwort selbst, wer bei seinem Meister eintreten dürfe und wer nicht. Doctor universalis wurde Albertus genannt, Lehrer aller Wissenschaften. Das Werk „Historia naturalis", aus dem wir gelegentlich zitiert haben, wird ihm zugeschrieben.

ALDROVANDI, Ulisse: lebte von 1522 bis 1605 meist in Bologna. Er studierte dort Rechte, Philosophie und Medizin. Wegen seines unkonventionellen Denkens wurde er, unter dem Verdacht der Ketzerei, eingesperrt. Wieder freigelassen, sammelte er Pflanzen und Fische, gründete in Bologna einen ersten Botanischen Garten für medizinische Zwecke, legte als erster ein ordentliches Herbarium an und schrieb im 77. Jahr seines Lebens den ersten Teil seines Werkes, in dem versucht wird, Tiere nach anatomischen Gesichtspunkten zu ordnen. Vollendet wurde es von anderen.

ARISTOTELES

ARISTOTELES: lebte von 384 bis 322 v. Chr.; war der bedeutendste Naturwissenschaftler des Altertums, darüber hinaus Philosoph, Staatslehrer und Erzieher. Sein Lehrer war Platon, sein Schüler Alexander der Große, der von ihm sagte: „Meinem Vater verdanke ich mein Leben, meinem Lehrer, daß ich würdig lebe." Einzig an Aristoteles war der Umfang seiner Gelehrsamkeit, die das gesamte Wissen seiner Zeit umfaßte und erweiterte. Richtschnur aller seiner Untersuchungen bildete die Empirie, und damit wurde er zwangsläufig zum großen Zoologen, der in seiner „Historia animalium" die Ergebnisse zahlreicher Beobachtungen zusammenfaßte. Er kannte mehr als 500 Tierarten, studierte ihre Anatomie und begründete ein einfaches System der Tiere; er öffnete Hühnereier und verfolgte die Embryonalentwicklung des Kükens; er fand heraus, daß Delphine durch Lungen atmen und säugen, und er wußte und experimentierte mehr als alle Naturphilosophen der folgenden 1700 Jahre.

BELONIUS, Petrus (auch Pierre Belon): bereiste in seinem kurzen Leben als Diplomat die Länder um das östliche Mittelmeer, war Arzt, Botaniker und Zoologe. Sein Verhältnis zur Welt der Lebewesen war widersprüchlich. Einerseits glaubte er fest an die Quellen des Altertums und was sie über die Tierwelt aussagten; andererseits trieb ihn unvoreingenommene Entdeckerlust an den Seziertisch und zu neuen Erkenntnissen. Er wurde um 1517 geboren und starb 1565.

BORGES, Jorge Luis: 1899 in Buenos Aires geboren; Lyriker und Prosaist. Sein Vater gab ihm die Empfehlung, Kirchen, Priester, Kriege, Rassen und Nationen genau zu beobachten, da sie in naher Zukunft verschwunden sein würden und niemand auf Erden mehr anzugeben wüßte, was im Jenseits geschieht. Borges gehorchte und studierte die Literatur aller Kontinente. Die Politik holte ihn aus seinen Bibliotheken heraus und machte ihn zum Lebensmittelinspektor in den Markthallen von Buenos Aires, und später verhalf sie ihm zurück zu einer Stellung in der Bibliothek. Neben vielen Gedichten, Erzählungen und Übersetzungen verfaßte er einen Zyklus von Parodien auf die Kriminalgeschichte (zusammen mit Adolfo Bioy Casares), eine Universalgeschichte der Niedertracht und ein Handbuch der phantastischen Zoologie.

CARDANUS, Hieronymus: geboren 1501 in Pavia und gestorben 1576 in Rom, war ein vielseitig begabter Mann mit technischen Fähigkeiten. Als Professor für Mathematik in Mailand und als Professor für Medizin in Pavia und Bologna machte er manche Entdeckungen; er fand die cardanische Formel zur Lösung von Gleichungen dritten Grades; er entwickelte die cardanische Aufhängung für Schiffskompasse und die Kardanwelle. Nebenbei fand er ein seltsames Tier und beschrieb es.

HIERONYMUS CARDANUS

DACQUÉ, Edgar: lebte von 1878 bis 1945 in Süddeutschland. Er war Konservator an der paläontologischen Staatssammlung in München und dort auch Professor und befaßte sich mit der Tierwelt der Alten. Er erweiterte die Darwinsche Theorie von der physischen Abstammung der heute lebenden Tiere um eine metaphysische Dimension: In seinem Werk „Urwelt, Sage und Menschheit" bezeichnete er den Menschen als die ideelle Urform, die alle Möglichkeiten des Tierreichs umfasse. Professor Dacqué wurde für diese originelle Theorie mit dem Verlust seines Lehramtes belohnt.

EGEDE, Hans: geboren 1686 in Norwegen, gestorben 1758 auf der Insel Falster; wird der „Apostel Grönlands" genannt. Nach langen Jahren wenig moralischer Abenteuer wurde er Prediger in Norwegen und ging 1721 mit seiner Familie nach Grönland, um die Kunde vom Christentum in der Sprache der Eskimos zu verbreiten. Er hatte Erfolg und wurde schließlich Superintendent der grönländischen Mission.

FLAVIUS JOSEPHUS

FLAVIUS JOSEPHUS: war der Sproß eines jüdischen Priestergeschlechts in Jerusalem, geboren 37 n. Chr. Als Pharisäer wurde er Feldherr von Galiläa und beteiligte sich am Aufstand der Juden gegen die römische Besatzung, geriet dabei in Gefangenschaft und wurde nach Rom gebracht. Hier fand er sich glatt mit seinem Emigrantenschicksal ab, erwarb das römische Bürgerrecht und stieg zum Günstling der Kaiser Vespasian und Titus (der Jerusalem zerstörte) auf. Er hatte seinen Frieden mit der Supermacht gemacht und schrieb sein Hauptwerk über die jüngste Vergangenheit: „De bello judaico", über den jüdischen Krieg.

GESNER, Konrad: wurde 1516 in Zürich geboren und starb dort an der Pest im Jahre 1565. Zwischendurch machte er Reisen nach Frankreich, Italien (Bologna) und Deutschland, wo er im Hause Fugger die Bücher durchsah. Seine Interessen waren weitgesteckt, sein Berufsleben mehrseitig: Lehrer war er, Professor für Griechisch, Arzt und Chorherr. Er sammelte Pflanzen, Tiere

KONRAD GESNER

und Literatur, er machte Exkursionen bis hinauf auf den Pilatus und studierte Anatomie. Trotz aller Aktivität hatte er immer wieder Anlaß zu Klagen, daß sein Gehalt ungenügend sei. Sein wichtigstes Werk trägt den Titel „Historia animalium", wurde von Forer ins Deutsche übertragen und mehrfach verändert aufgelegt.

HERODOT

HERODOT: war der älteste der großen griechischen Geschichtsschreiber. Geboren wurde er 484 v. Chr. in Kleinasien als Sohn einer angesehenen Familie. In jungen Jahren vom heimatlichen Tyrannen verjagt, begab er sich nach Athen, wo er Freund des Dramatikers Sophokles und des Politikers Perikles wurde. Mit 40 Jahren beteiligte er sich an der Gründung der Musterkolonie Thurii in Unteritalien, wo er seinen Wohnsitz nahm. Hauptbeschäftigung seines Lebens waren seine weiten, viele Jahre dauernden Reisen, die ihn durch Italien, den Balkan, die Länder um das Schwarze Meer, Asien, Ägypten und Nordafrika führten. Seine „Weltgeschichte", Frucht der Reisen und eifriger Lektüre, beginnt er mit den Worten: „Herodot aus Halikarnassos hat aufgezeichnet, was er erkundet." In diesem Werk über die Unbeständigkeit irdischer Größe und Weltordnung hat er häufig Schilderungen fremder Länder aufgenommen. „Ich muß alles sagen, was erzählt wird. Aber zu glauben brauche ich nicht alles, und das gilt für meine ganze Geschichte."

MAGNUS, Olaus: identisch mit Olav Storr, lebte von 1490 bis 1524 in Schweden, zuletzt als katholischer Geistlicher. Die Reformation trieb ihn in die Emigration, ins Zentrum seines Klerus nach Rom, wo er 1537 zum Erzbischof von Uppsala ernannt wurde, von einer kargen Pension des Papstes lebte und 1557 starb. Auch die langen Jahre in Rom konnten seine tiefen Bindungen an den Norden nicht lösen. Hier, fern der Heimat, zeichnete er die erste detaillierte geographische Karte Skandinaviens, und 1555 veröffentlichte er zu Rom sein Werk „Historia de gentibus septentrionalibus", eine allgemeine und Naturgeschichte der skandinavischen Länder, in die er viel Glauben, Phantasie und Heimatliebe einbrachte.

MELVILLE, Herman: 1819 in einer verarmten, stolzen Familie New Yorks geboren. Er fuhr als Matrose auf Handelsschiffen, später auf einem Walfänger, desertierte auf den Marquesas-Inseln und lebte kurze Zeit bei den eingeborenen Taipis. Nach der Rückkehr in die Heimat wandte er sich der Schriftstellerei zu und schrieb Bestseller über das Leben bei den Eingeborenen. Später folgten Romane mit philosophischer Fragestellung, die weniger gut verkäuflich waren. Die Folge war eine zwanzigjährige Tätigkeit als Zollinspektor im Hafen von New York, wo er 1891 in Vergessenheit starb. Sein Walbuch „Moby Dick" wurde erst nach der Jahrhundertwende weithin bekannt und berühmt.

HERMAN MELVILLE

PARACELSUS

MONTEVILLA: alias John de Maundeville alias Jean de Bourgogne führte ein Leben, das nur schwer zu fixieren ist. Geboren wurde er um 1300 in St-Alban. Er gelangte als Arzt in die Dienste des Sultans von Ägypten, trat später an die Seite des Großchans von Chatai und ist dann, so gibt er selbst an, viele Jahre quer durch Afrika, Asien und Europa gereist. Gestorben ist er 1362 oder 1372 in Lüttich. Er hinterließ Reisebeschreibungen von durchaus schwankender Wahrheitstreue. Seine Berichte über den Nahen Osten sind glaubwürdig und sprechen für eine genaue Kenntnis der Region. Die Beschreibungen aller anderen bereisten Länder entstammen offensichtlich den Schriften des Altertums; Phoenix, Greif und Zwerge tauchen als Bewohner ferner Länder auf und erhalten damit ein modernes Zeugnis ihrer Existenz. Eine solch attraktive Mischung aus Wahrheit und Fabel ließ sich bereits im Mittelalter gut verkaufen, und so wurden seine Reiseberichte in fast alle europäischen Sprachen übersetzt.

OPPIAN: ein Grieche, lebte in der zweiten Hälfte des zweiten Jahrhunderts n. Chr. unter dem Kaiser Marc Aurel in Rom. Sein bekanntestes Werk ist „Halieutica", ein Lehrgedicht über den Fischfang, in dem er das Lob der Delphine singt.

PARACELSUS, Philippus Aureolus Theophrastus von Hohenheim: genannt „Bombastus", wurde 1493 bei Einsiedeln geboren und starb 48 Jahre später beim Gelage an einem Schlag auf den Schädel. Immer ein streitbarer Mann, lautete sein Leitspruch: „Sei keines andern Knecht, wenn du dein eigener Herr sein kannst." In Befolgung dieses Mottos wurde er – Professor für Medizin – als fünfunddreißigjähriger Gelehrter wegen Randalierens aus der Stadt Basel hinausgeworfen und zog unstet durch Europa, schäbig anzusehen, meist ohne Geld, ein ständiger Kritiker der etablierten Medizin, berühmt durch glücklich verlaufene Kuren, verdient um die Verbesserung der Pharmazie. Er durchsuchte systematisch die belebte und unbelebte Natur nach Heilmitteln, in dem festen Glauben, daß jede natürliche Krankheit irgendwo in der Natur ein heilendes Äquivalent habe. Die Signaturlehre geht wesentlich auf ihn zurück. Er destillierte, ließ faulen, kristallisierte, kochte den ersten Fleischextrakt und verordnete Schlafmittel mit Opium.

PLINIUS, Gajus Publius Secundus: erblickte 23 n. Chr. in Como das Licht der Welt. Gelangte als Offizier der römischen Reiterei nach Germanien, Spanien und Nordafrika, später war er in Staatsgeschäften tätig und schließlich Befehlshaber der Flotte bei Misenum (Kap bei Neapel). Dieser Gentleman besaß ein Hobby, das ihn nicht losließ: die belebte Natur. Er sammelte aus römischen und ausländischen Schriften zoologische Fabeln und Berichte, ergänzte sie durch seine reichen Erfahrungen und faßte sie in einem Werk „Historia naturalis" in 37 Bänden zusammen. Dann brach 79 der Vesuv aus. „Auf die Kunde von diesem Ereignis ließ er mehrere Schiffe in See gehen, bestieg eines derselben und ließ die Schiffe an den Vesus heranführen. Unerschrocken machte er unter einem steten Regen heißer Asche und glühender Steine Beobachtungen und zeichnete sie auf." In wahrem Feuereifer näherte er sich dem Vulkan ein wenig zu sehr; man fand ihn drei Tage später, wahrscheinlich erstickt an den heißen Schwefeldämpfen.

PLUTARCH: um 50 n. Chr. in Böotien geboren, in Athen in der Philosophie Platons erzogen, brach er auf in die Weltstadt Rom, wo er rasch Karriere machte. Unter Kaiser Trajan wurde er Konsul, Kaiser Hadrian ernannte ihn zum Prokurator von Griechenland. Stets um den Ausgleich zwischen griechischer und römischer Kultur bemüht, schrieb er die „Vitae parallelae", in denen Lebensläufe berühmter Griechen und Römer einander gegenübergestellt wurden. Ein weiteres Werk sind seine „Moralia". Er starb mit 70 Jahren.

PLUTARCH

PONTOPPIDAN, Erik: war ein Däne sein Leben lang und lebte von 1698 bis 1764. Seine Ämter waren Prediger, Professor der Theologie, Bischof von Bergen und Prokanzler der Universität Kopenhagen. Er schrieb einen Kommentar zu Luthers kleinem Katechismus und gab ein Gesangbuch heraus. Ebenfalls voller Glauben verfaßte er eine Naturhistorie Norwegens.

TOEPFFER, Rodolphe: wurde 1799 in Genf geboren und lebte dort 47 Jahre bis zu seinem Tod. Er erfuhr eine Ausbildung als Maler und wirkte danach als Lehrer und Leiter eines Pensionats. Während er Aufsicht über die studierenden Schüler führte, zeichnete und schrieb er auf seinem Lehrerpult für seine Zöglinge kleine Romane in Bildern, „voll Wahrheit, Reiz und Satire", so auch „Die Abenteuer des Herrn Cryptogam zu Wasser und zu Lande", in welche die Vorstellungen des braven Schweizers vom Walfisch eingebracht sind. Der Beifall des alten Goethe ermunterte ihn, seine Werkchen zu veröffentlichen.

VAN HELMONT, Johan Baptista: führte den Namen „Gas" für den dritten Aggregatzustand ein. Er war Arzt, Magier und Alchimist. Die Inquisition mochte ihn nicht, klagte ihn mehrfach an und warf ihn in den Kerker. Er lebte von 1579 bis 1644.

RODOLPHE TOEPFFER

Literaturverzeichnis

AELIANUS, CLAUDIUS: Tiergeschichten. Übers. von F. Jacobs.
Metzler, Stuttgart 1839
– Vermischte Nachrichten. Übers. von Dr. E. Wunderlich.
Metzler, Stuttgart 1839
ALBERTUS MAGNUS: Die durch Albertum Magnum entdeckten Heimlichkeiten des Frauenzimmers.
Frankfurt und Leipzig 1743
ALDROVANDI, ULISSE: Monstrorum historia.
Bononiae MDCXLII
– Serpentum et draconum historiae.
Bononiae MDCXXXX
– De piscibus libri V et de cetis liber I.
Bononiae MDCXIII
– De quadrupedibus viviparis libri III et de quadrupedibus digitatis oviparis libri II.
Bononiae MDCXXXXV
ALPERS, ANTONY: Delphine – Wunderkinder des Meeres.
dtv, München 1966
BALSS, HEINRICH: Albertus Magnus.
Wiss. Verlagsgesellschaft, Stuttgart 1947
BELON, PIERRE: Les observations de plusieurs singularitéz et choses memorables, trouvées en Grèce, Asie, Indée...
En Anvers, 1555
BERINGER, ADAM: Lithographia Wirceburgensis.
Würzburg 1726
BERMANN, MORITZ: Alt- und Neu-Wien.
Wien 1879
BERNAL, DIAZ DEL CASTILLO: Wahrhafte Geschichte der Entdeckung und Eroberung von Neuspanien (Mexiko).
Steingruben, Stuttgart 1965
BETTEX, ALBERT: Die Entdeckung der Natur.
Droemer, München
BORGES, JORGE LUIS: Einhorn, Sphinx und Salamander.
Ein Handbuch der phantastischen Zoologie.
Hanser, München 1964
BRADBURY, RAY: The fog horn.
Bantam Books, New York 1954

BROWNE, SIR THOMAS: Pseudodoxia epidemica, or treatise on vulgar errors.
in: The works of Sir Thomas Browne, Ed. by G. Keynes,
London 1928–31
BÜRGER, G. AUGUST: Des Freiherrn von Münchhausen wunderbare Reisen
zu Wasser und zu Lande.
Insel, Frankfurt 1968
CARLETTI, FRANCESCO: Reise um die Welt 1594.
Erdmann, Tübingen 1966
CASSEL, PAULUS: Der Phoenix und seine Aera.
Berlin 1879
DACQUÉ, EDGAR: Urwelt, Sage und Menschheit.
München und Berlin 1938
DANTE, ALIGHIERI: Die göttliche Komödie.
Manesse, Zürich 1963
DIODORUS, SICULUS: Diodor's von Sicilien historische Bibliothek.
Übersetzt von J. F. Wurm.
Metzler, Stuttgart 1831
DOBZHANSKY, THEODOSIUS: Die Entwicklung zum Menschen.
Parey, Hamburg 1958
DREECKEN, J., UND
SCHNEIDER, W.: Die schönsten Volkssagen Europas.
Südwest, München 1973
EGEDE, HANS: Des alten Grönlands neue Perlustration.
Copenhagen 1742
EXQUEMELIN,
ALEXANDRE OLIVIER: Das Piratenbuch von 1678.
Erdmann, Tübingen 1968
FEDERMANN, REINHARD: Die königliche Kunst. Eine Geschichte der Alchimie.
Neff, Wien 1964
FREUCHEN, PETER: Das Buch der sieben Meere.
Droemer/Knaur, München 1958
GESNER, KONRAD: Historiae animalium I–IV.
Zürich 1551
– Vogelbuch.
Zürich 1557
– Thierbuch (deutsch).
Zürich 1563
– De serpentibus oder Schlangenbuch.
fol. Heidelberg 1613
– Allgemeines Thierbuch.
Frankfurt 1669–70
GOTTFRIEDT, J. LUDWIG: Newe Welt und americanische Historien...
Franckfurt MDCLV
GRIMM, GEBRÜDER: Kinder- und Hausmärchen.
Winkler, München 1949
– Deutsche Sagen.
Winkler, München 1956
GRIMMELSHAUSEN, J. CHR.: Simplicius Simplicissimus.
Winkler, München 1956

HEGI, GUSTAV: Illustrierte Flora von Mitteleuropa.
Lehmann, München
HEIMS, PAUL GERHARD: Seespuk – Seemannsgarn und Legenden.
Goldmann, München
ILLIES, JOACHIM: Anthropologie des Tieres.
dtv, München 1977
KÄSTNER, ALFRED: Lehrbuch der speziellen Zoologie.
Fischer, Stuttgart 1960
LANGELAAN, GEORGE: Die unheimlichen Wirklichkeiten.
dtv, München 1975
LAZARILLO DE TORMES: Spanischer Schelmenroman von 1554.
Insel, Frankfurt 1959
LEPESCHINSKAJA, OLGA
BORISSOWNA: Die Entstehung von Zellen aus lebender Materie und die Rolle der lebenden Materie im Organismus.
Kultur und Fortschritt, Berlin 1952
LUTHER, MARTIN: Die gantze Heilige Schrifft Deudsch. Wittenberg 1545.
Rogner und Bernhard, München 1972
LYCOSTHENES, CONRAD: Wunderwerk, oder Gottes unergründtliches Vorbilden... mit grossem fleiss verteütscht durch Johann Herold.
MALAPARTE, CURZIO: Die Haut.
Stahlberg, Karlsruhe 1950
v. MEGENBURG, KONRAD: Das Buch der Natur.
Anmerkung H. Schulz, Greifswald 1897
MELVILLE, HERMAN: Moby Dick.
Rowohlt, Hamburg 1956
MONTEVILLA, JEAN: Des englischen Ritters Herrn Hansen von Montevilla Reise nach Palästina, Jerusalem, Egypten, Türkei ... von ihm selbst geschrieben (1355).
Winter, Frankfurt a. M. ca. 1866
NACK, EMIL, UND
WÄGNER, WILHELM: Hellas, Land und Volk der alten Griechen.
Ueberreuter, Wien 1955
NEUMANN, ALFRED: Der Narrenspiegel.
Rowohlt, Hamburg 1964
ODOJEWSKI, WLADIMIR: Der Salamander. In: Russische Gespenstergeschichten.
Fischer, Frankfurt 1961
OLAUS MAGNUS: Historia de Gentibus Septentrionalibus.
Romae 1555
OPPIANUS: Halieutica.
(deutsch:) Leipzig 1813
OUDEMANS, A. C.: The great sea serpent.
Leiden/London 1892
PARACELSUS VON HOHEN-
HEIM, THEOPHRASTUS: Sämtliche Werke.
Hrsg. K. Sudhoff, W. Matthiessen
München/Berlin, 1929–55
PLINIUS, GAIUS
SECUNDUS MAIOR: Des Weitberumbten Hochgelehrten alten Philosophi

Plinius, Gaius	und Naturkündigers Bücher und Schrifften ... Franckfort am Mayn, MDLXXXIIII Historia naturalis. Übersetzung von Ph. H. Külb. Metzler, Stuttgart 1842
Plischke, Hans:	Fernão de Magalhães, die erste Weltumsegelung. Renner, Haar 1964
Pontoppidan, Erik:	Försög til Norges Naturlige Historie. Bergen 1752–54
Ricciuti, E. R.:	Menschenhai und Mördermuschel. Eine makabre Meereszoologie. Fackelträger, Hannover 1975
Termer, Franz:	Alvar Nuñez Cabeza de Vaca – Schiffbrüche. Renner, Haar 1963
Thévet, A.:	Les Singularitéz de la France antarctique, autrement nommée Amérique. Paris 1558
Toepffer, Rodolphe:	Der kühle Bräutigam. Rowohlt, Hamburg 1968
Vincent, Howard P.:	The Trying out of Moby Dick. Arcturus Books, Chicago 1965
Völker, Klaus:	Künstliche Menschen. dtv, München 1976
–	Faust – ein deutscher Mann. Wagenbach, Berlin 1975
Wendt, Herbert:	Auf Noahs Spuren. Rowohlt, Hamburg
–	Forscher entdecken die Urwelt. Stalling, Oldenburg 1965
–	Ich suchte Adam. Rowohlt, Hamburg 1965 Die Erzählungen aus den Tausendundein Nächten. Insel, Wiesbaden 1953

Nachschlagewerke:
Der Neue Brockhaus. Wiesbaden 1965
Meyers Konversationslexikon, 4. Aufl., Leipzig und Wien 1890
Putzger, F. W.: Historischer Schulatlas.
   Velhagen und Klasing, Bielefeld/Berlin/Hannover 1958
Lexikon der Tierwelt. Ullstein, Berlin 1967

Sofern wir nicht auf eigene Bücher zurückgegriffen haben, möchten wir uns bei einigen Bibliotheken besonders bedanken und gleichzeitig für Interessierte die Quellen nachweisen, wo die alte Originalliteratur zu genießen ist:
Universitätsbibliothek Heidelberg; Stadt- und Universitätsbibliothek Frankfurt a. M.; Senckenbergische Bibliothek Frankfurt a. M.; Zentralbibliothek Luzern; Zentralbibliothek Zürich.